Gerd K. Schneider

Berlin und Ich

Gerd K. Schneider

Berlin und Ich

Geschrieben aus der Sicht eines Mampe Halb und Halb

Hakodesh Press

Cover image: www.ingimage.com

Publisher:
Hakodesh Press
is a trademark of
Dodo Books Indian Ocean Ltd. and OmniScriptum S.R.L publishing group

120 High Road, East Finchley, London, N2 9ED, United Kingdom
Str. Armeneasca 28/1, office 1, Chisinau MD-2012, Republic of Moldova, Europe
Managing Directors: Ieva Konstantinova, Victoria Ursu
info@omniscriptum.com

Printed at: see last page
ISBN: 978-3-639-79511-0

Inhalt

Eine Erklärung

Für die, die nicht wissen, was ein Mampe Halb und Halb bedeutet, sei gesagt: Mampe Halb und Halb ist unter anderem bekannt als ein Kräuterlikör und ein Magenbitter aus Bitterorangen. Das Rezept ist ein Geheimnis, aber man kann spekulieren, dass der Kräuterschnaps zu gleichen Teilen gemischt wurde. Carl Mampe gründete 1877 die Mampe AG in Berlin, wo sie einen hohen Bekanntheitsgrad erreichte.

Wenn ich sage, ich bin ein Mampe Halb und Halb, so geht diese Bezeichnung zurück in die Zeit des Nationalsozialismus, in der junge Halbjuden sich so nannten und auch so genannt wurden. Ich bin ein Halbjude, oder Mischling ersten Grades, wie es die Nürnberger Gesetze nannten. Ich bin einer der 75.000 Mampe Halb und Halb-Juden, die 1933 in Berlin gelebt haben; 1939 waren es noch 64.000.

Warum ich Berliner bin

DER TITEL DIESES Büchleins heißt Berlin und ich. Ich glaube, dass das Wörtchen „und" das wichtigste Wort in der deutschen Sprache ist. „Und" ist eine Konjunktion, die gleichwertige Satzglieder miteinander verbindet. Was wäre Romeo und Julia ohne das „und"? Oder Tristan und Isolde? Oder Martin Bubers Schrift *Ich und Du*? Vielleicht Geschichten von Einzelgängern, und die sind manchmal nicht besonders interessant. Adam ohne Eva würde ja bedeuten, dass dieses Büchlein überhaupt nicht hätte geschrieben werden können. Berlin und ich gehören zusammen, und darum geht es hier.

Ich bin in Berlin geboren und kann also wahrheitsgemäß sagen: „Ich bin Berliner". Ich könnte auch sagen: „Ich bin ein Berliner", was seit John F. Kennedy akzeptabel ist, wenn auch etwas ungrammatisch. Ich liefe dann Gefahr, mit einem Pfannkuchen oder Donut verwechselt zu werden. Im Folgenden möchte ich über meine Heimatstadt schreiben, so wie ich sie erlebt habe, und was sie mir auch jetzt noch bedeutet. Wenn ich mit einigen Berlinern spreche, die es nach Übersee verschlagen hat, und ich sie frage, woher sie kommen, ist die Antwort der meisten: „Ich komme aus Berlin", und dann kommt wie entschuldigend der Nachklapp hinzu: „Aus Deutschland". Berlin steht an erster Stelle, und das ist mehr als Lokalpatriotismus, das ist Lebenselixier.

Dazu muss ich allerdings sagen, dass ich Berlin 1954, als 23-Jähriger, verlassen habe. Meine Reise ging zuerst nach Kanada, wo ich ein Jahr in Toronto, drei Jahre in Edmonton, und vier Jahre in Vancouver verbracht habe. 1962 ging es dann weiter in die Staaten, wo ich noch heute lebe. Die Frage taucht dann auf, warum jemand sagen kann, dass er Berliner ist, obwohl er über 60 Jahre in der Fremde gelebt hat und noch immer dort ansässig ist? Dies ist eine Frage der Identität. Ich besitze auch die kanadische und amerikanische Staatsbürgerschaft, was die Beantwortung dieser Frage nicht einfacher macht.

Wenn ich sage, Berlin ist meine Heimatstadt, und jetzt ist meine Heimat in Übersee, so könnte der Einwand kommen, dass das nicht geht. Man kann nur eine Heimat haben, und das ist auch grammatisch verankert, denn Heimat hat keinen Plural. Die Frage der Identität ist also nicht leicht zu beantworten. Eine Erklärung könnte sein, dass ich eine emotionale und kulturelle Verbundenheit mit Deutschland und besonders mit Berlin habe, denn durch meine Tätigkeit als Germanist lese und unterrichte ich viel über deutsche Literatur und Kultur. Außerdem lese ich jeden Morgen im Internet die Berliner Zeitungen, bin also sehr gut darüber informiert, was in dieser Stadt wichtig ist, und welche Veränderungen geplant werden. Zusätzlich schaue ich mir jeden Tag die Tageschau an, die mich über die wichtigsten Themen und Ereignisse der Bundesrepublik und Berlins unterrichtet. Das hat meine Verbindung mit Deutschland und Berlin erhalten.

Vielleicht hilft es auch, auf die Zahnmetapher auszuweichen. Der Zahn besteht aus zwei Teilen: der Zahnwurzel und der Zahnkrone. Die Zahnwurzel sieht man nicht, außer wenn der Zahnarzt darin herum bohrt. Dies im Gegensatz zur Zahnkrone, die individuell verschieden aussehen kann. Bei einigen ist sie abgeschliffen und zum Kauen fast nutzlos; andere haben eine Porzellankrone und die Reichen eine goldene Krone, was unter Umständen sogar eine gute Geldanlage sein kann. Berlin ist meine Zahnwurzel, das Leben in den Staaten meine Zahnkrone. Beides gehört zusammen. Mit anderen Worten: Ich bin zwar in die Staaten eingewandert, bin aber nicht aus Berlin ausgewandert.

Wenn ich sage, dass Berlin meine Heimatstadt ist, obwohl ich jahrzehntelang nicht nur nicht in Berlin, sondern auch nicht in Deutschland ansässig war, so bedarf diese Feststellung eine zusätzliche Erklärung. Ich bin jetzt über 85 Jahre alt, und für viele meiner Zeitgenossen lässt das Kurzzeitgedächtnis nach, und das Langzeitgedächtnis, in dem die wichtigen Erlebnisse und Ereignisse der Vergangenheit gespeichert sind, wird bei vielen aktiviert und sie können auch abgerufen werden. Ich kann zum Glück sagen, dass sowohl mein Kurzzeitgedächtnis wie auch mein Langzeitgedächtnis gut funktionieren, denn ich weiß genau, wann das Datum meines Hochzeitstages ist und der Geburtstag meiner jetzt zehnjährigen Zwillings-Enkelkinder, wobei es in diesem Fall hilft, dass der Junge und das Mädchen mich schon Wochen im Voraus an dieses Datum erinnern. Und ich kann mich ebenfalls ganz gut an meine Berliner Erlebnisse erinnern.

Ich begebe mich auch gerne auf Reisen, nicht nur aus meiner Wahlstadt Syracuse im Bundesstaat New York in andere Länder, sondern auch in mein Inneres. Wie Novalis, der romantische Dichter und Philosoph, einmal bemerkt hat. „Wir träumen von Reisen durch das Weltall – ist denn das Weltall nicht in uns? Nach innen geht der geheimnisvolle Weg". Ich reise oft und gern vom Kurzzeitgedächtnis zum Langzeitgedächtnis, wo all die Erinnerungen an meine Heimatstadt enthalten sind. Diese Erlebnisse sind plastisch, sozusagen im 3-D Format. Wenn ich auf dieser Reise in meine Stammbäckerei in Berlin gehe, und zwei Schrippen, einen Schusterjungen und ein Mehrkornbrötchen kaufe, so werden alle meine fünf Sinne aktiviert: Ich rieche die Backwaren schon auf meinem Weg, denn die Tür zur Bäckerei steht offen, und der Duft der frischgebackenen Herrlichkeiten breitet sich sehr schnell aus, wobei die Bezeichnung Herrlichkeit nicht unabsichtlich gewählt ist, denn seine Bedeutung ist, dass es etwas ist, was nicht angenehmer, großartiger und schöner sein kann. Der Weg von der Straße zu dem kulinarischen Raum der Bäckerei führt durch eine Tür, vor der Dutzende von Spatzen sitzen, die darauf hoffen, dass jemand sie füttert oder auch die Tüte mit dem begehrten Etwas auf den Boden fallen lässt. Im Laden angekommen sehe ich dann die goldgelbe Farbe der vielen Brötchensorten, die schön abgegrenzt in verschiedenen Körbchen auf die Käufer warten. Die Geschmacksrezeptoren werden aktiviert, die Geschmacksknospen öffnen sich zu voller Blüte, und ich kaue die Schrippe schon, die noch backofenwarm da liegt. Ich kann sie fühlen; meine Fingerspitzen gleiten über ihre knusprige Oberseite, über die des mehlbestäubten Schusterjungen und des duftenden glänzenden Mehrkornbrötchens, die ich alle erstanden habe. Und wenn ich sie nachhause trage, so höre ich sie in der Tüte rascheln, was Musik in meinen Ohren ist. Zuhause angekommen schneide ich zuerst die Schrippe auf und belege die eine Hälfte mit Landleberwurst, und die andere mit grober Mettwurst, in der die prallen Senfkörner mit ihrer gelben Farbe im wunderbaren Kontrast zu der dunkelroten Farbe der im Kutter feinkörnig zerkleinerten und gewürzten Rindfleisch - und Schweinefleischmasse stehen. Das ist jetzt mein virtuelles Frühstück, und wenn jemand sagt, dass Morgenstunde Gold im Munde hat, so hat er noch nie ein solches Frühstück in der Wirklichkeit oder der gedachten Realität genossen. Das ganze Gold der Erde kann gegen ein solches Frühstück nie und nimmer aufkommen. So war es in meiner Jugend, und es hat sich bis heutzutage auch nichts daran geändert.

So begebe ich mich mit diesem Büchlein auf die Reise, eine Reise, die eine Zeitreise und Erlebnisreise zugleich ist. Ich hoffe, mit diesen Erinnerungen einige Leute anzusprechen, deren Erlebnisse sich mit den meinen überschneiden, und die dann, wenn sie sie lesen, ein bisschen schmunzeln und sagen: „Jaja, das stimmt, das habe ich auch erlebt“. Aber ich hoffe auch eine andere Gruppe zu erreichen, die Gruppe der Nachgeborenen, die vielleicht aus meinen Schilderungen etwas lernt. Und die dann vielleicht die ältere Generation etwas besser verstehen kann und vielleicht auch ein Gefühl der Dankbarkeit gegen die ältere Generation empfindet.

Zuerst etwas über mich selbst. Es ist gut, wenn der Autor sich den Lesern und den Leserinnen vorstellt, denn auch eine objektive Beschreibung kann niemals ganz objektiv sein, da vieles aus dem Leben des Autors in die Erzählung mit einfließt. Geboren bin ich unehelich im Jahre 1931, also noch zur Zeit der Weimarer Republik. Mein Vater war Jude und Geschäftsmann, der in meinem Geburtsjahr viel Geld in die USA transferiert hatte, denn er konnte die Zeichen lesen, die schon in meinem Geburtsjahr an der Wand standen. Geldflucht war zu dieser Zeit ein strafbares Devisenvergehen; er wurde eingesperrt und endete dann sein Leben im KZ Lager Theresienstadt. Als ich einmal in den Akten nachforschte, stand hinter seinem Namen ein Wort: Verschollen. Meine Mutter, die so arm war, dass sie mit mir im Arm über die Weidendammer Brücke in die Spree springen wollte, heiratete noch im selben Jahr einen älteren Pensionär, der eine ausgezeichnete Vaterstelle an mir vertrat. Er konnte mir sehr viel über das alte Berlin und über den Weddinger Kiez erzählen, denn er war 1866 im Spreewald geboren und kam schon 1880 nach Berlin. Da meine Mutter keine Jüdin war, wurde ich aufgrund des Reichsbürgergesetzes vom 15. September 1935, später bekannt unter dem Namen Nürnberger Gesetze, als Mischling ersten Grades betrachtet. Dieses Gesetz wurde erlassen „zum Schutz des deutschen Blutes und der deutschen Ehre".

Das Leben war nicht einfach, denn in meinem Weddinger Kiez wurden keine halben Dinge gemacht – entweder ganz, oder gar nicht – in meinem Fall ganz. Halbjuden gab es nicht, nur Juden. Die Weddinger antizipierten somit schon Jahrzehnte im Voraus den späteren Werbespruch des Kreuzeslikörs: „Mama Halb und Halb ist eine ganze Sache". Jeder Berliner Bezirk hat seine eigenen Ansichten und Verhaltensweisen, und Wedding machte darin keine Ausnahme. Das Leben in unserem Kiez spielte sich nur zum Teil innerhalb der Wohnung ab, der eigentliche Teil fand außerhalb der Wohnung, auf der Straße, statt, und die Kommunikation zwischen den Hausbewohnern und den Straßenpassanten lief vertikal: vom Fenster auf die Straße und von der Straße wieder lautstark zum Fenster. Und jeder wusste über jeden Bescheid, zum Beispiel wessen Scheck gut war und wessen Mann oder Frau nicht, oder ob jemand bankrott war oder das große Los gewonnen hatte. Geheimnisse gab es in unserem Kiez nicht. Und so wusste jeder, dass ich kein richtiger Deutscher war, und ich wurde von allen nur geduldet. Später wollten die Anleger unsere Straße judenrein machen, so lag ich einige Wochen mit einer Platzwunde am Hinterkopf in der Charité.

Da ich aus Sicherheitsgründen nur wenig auf der Straße spielen konnte, hatte ich viel Zeit zum Lesen, und ich hatte schon eine ansehnliche Bibliothek in meiner Jugend. Diese vermehrte sich rasch, denn jedes Mal zu meinem Geburtstag und zu den Feiertagen bekam ich ein neues Buch. Manches, was ich las, verstand ich nicht, denn ich war zu jung. Später dachte ich an den Aphorismus von Friedrich Schlegel: „Wenn ein Kopf und ein Buch zusammenstoßen, und es klingt hohl, dann liegt das nicht immer am Buch". Ich verbrachte auch so sehr viel Zeit auf unserem Grundstück in Wilhelmsruh, wo nicht weit entfernt auf den Rieselfeldern (Anlagen zur Reinigung von Abwässern) die wundervollsten Kohlköpfe wuchsen, von denen wir jedes Mal einen mit nachhause nahmen. Als ich zehn Jahre alt war, wurde meiner Mutter gesagt, sie sollte mich von der

Schule nehmen und in eine Sonderschule einschulen, denn die Eltern meiner Mitschüler wollten ein reinrassiges Klassenzimmer haben. Da weder die Mittelschule noch die Oberschule mich, in dessen Adern jüdisches Blut rollte, annehmen wollte, hatte ich das Glück, an einem humanistischen Gymnasium unterzukommen.

Mit dem Schulwechsel fing das Paradox in meinem Leben an. Ich ging auf das Horst-Wessel-Gymnasium in der Schönhauser Allee, benannt nach dem SA-Führer Horst Wessel, der 1930 von den Kommunisten umgebracht wurde. Er wurde dann Märtyrer der NS- Bewegung, und das Horst-Wessel-Lied, „Die Fahne hoch", gehörte zum Standardrepertoire der heranwachsenden Jugend. Nach vier Wochen wurde ich aufgrund meiner Begabung der Adolf-Hitler-Schule in der Nähe von Berlin zugeteilt, einer nationalpolitischen Erziehungsanstalt, oder Napola, deren Aufgabe es war, Führungskräfte im Sinne der nationalsozialistischen Bewegung heranzubilden. Nach zwei Tagen wurde ich wieder rausgeworfen, denn man hatte vergessen, meine Akte zu lesen, und ich besuchte wieder das Horst-Wessel-Gymnasium.

Das Abitur feierten wir 1950 im Haus des Berliner Oberbürgermeisters Friedrich Ebert Junior, dem Sohn des ersten Reichspräsidenten der Weimarer Republik, dessen Enkel Georg in unsere Klasse ging. Das machte unsere Klasse zu einer Sonderklasse. Viele unserer Klassen wurden von Hochschullehrern unterrichtet, die als Nazi-Mitläufer nicht an den Universitäten unterrichten durften, wohl aber an den Sekundarschulen.

Nach dem Abitur arbeitete ich dank des Marshallplans ein Jahr als Notstandsarbeiter im Straßenbau, absolvierte eine dreijährige Kellnerlehre im Hotel am Zoo, die ich als bester Lehrling von Berlin abschloss, und wanderte dann 1954 nach Kanada aus. Dort arbeitete ich als Kellner, Geschirrwäscher und Nachtwächter, dann als Leiter von Mensen im hohen Norden Kanadas. Später studierte ich Germanistik, Psychologie und Volkswirtschaft in Vancouver, British Columbia, wanderte nach Seattle im amerikanischen Staat Washington aus, und studierte an der University of Washington. Dort erhielt ich auch meinen Doktorgrad in der Germanistik, mit dem Schwerpunkt in der österreichischen Literatur und Kultur, sowie in der Linguistik. 1966 wurde ich Hochschullehrer an der Syracuse

University, einer Privatuniversität im Bundesstaat New York, wo ich zum Professor der Germanistik promovierte, und nach 40 Jahren Lehrtätigkeit in den sogenannten Ruhestand trat. Ich hatte auch das Glück, eine Frau zu finden, die ihr Leben mit mir teilte. Alles im allen habe ich das Leben bestanden, und wenn mich jemand fragen würde, ob ich mein Leben so wie es war, ohne Abstriche und Änderungen genauso wieder leben würde, würde ich mit Zuversicht zustimmen.

Dieses Büchlein ist unterteilt in verschiedene Kapitel, die locker chronologisch geordnet sind. Es sind keine zusammenhängenden Geschichten, sondern sie sind wie in einem Kaleidoskop angeordnet, das einen Einblick in das Alltagsleben der Menschen in meinem Berliner Kiez und auch außerhalb meines Kiezes vermitteln soll. Einige Kapitel sind Berlinisch geschrieben. Dies ist kein Dialekt, sondern ein Metrolekt, denn Berlin hatte seit dem 18. Jahrhundert viele Zuwanderer, die auch in der Sprache ihr Merkmal hinterließen. Und die Sprache wird sich weiter bereichern, denn im Jahre 2015 lebten über 500.000 Ausländer aus 186 Staaten in Berlin, verglichen mit 8,2 Millionen Ausländern in der Bundesrepublik. Einige fühlen sich durch das Berlinische abgestoßen, denn es klingt hart und herzlos für sie, ist aber gerade das Gegenteil – es ist Herz und Schnauze. Wenn jemand in der Kneipe lauwarmes Bier bekommt, brüllt er zum Schankwirt: „Habt ia noch andre warme Jetränke außer Biea?“. Wenn jemand vergisst, die Tür zuzumachen, so wird er gutmütig von jemandem daran erinnert: „Mach ma de Tüa zu. Et ziehtr ja hiea wie Hechtsuppe“. Diese Redewendung ist für Berliner durchaus verständlich und akzeptabel. Interessant dabei ist, dass der Hecht überhaupt nichts damit zu tun hat. Der Ursprung dieser Redensart ist das Hebräisch/Jiddische hech supha, dessen Bedeutung starker Wind ist. Viele Berliner Wortbildungen haben ihre Wurzeln im Jiddischen und auch im Rotwelch, das von den Randgruppen der Einwohner, z.B. den Vaganten, gesprochen wurde. So bedeutet zum Beispiel die jiddische Bezeichnung „meschugge“ so viel wie verrückt sein oder ohne Verstand sein. Ein echter Berliner kennt diese Ausdrücke, und er benutzt sie auch. Und die Integration der vielen Zuwanderer wird gelungen sein, wenn eine Mutter zu ihrem Sohn umgangssprachlich sagt: „Mach mal hinne. Mach mal keene Fisimatenten“.

Einkaufen im Kiez

ALS ICH UNGEFÄHR acht oder neun Jahre alt war, schickte mich meine Mutter zur Fleischerei, um ein Viertelpfund Leberwurst zu kaufen. Sie schärfte mir ein, dass es Landleberwurst sein müsse, und nicht die erste Scheibe, da sie meistens schon ausgetrocknet ist und man davon krank werden, ja vielleicht sogar sterben kann. Ich begab mich in die Fleischerei, die nur einige Häuser von unserer Wohnung entfernt lag. Es war ein Wochenende, und der Laden war voll, denn die meisten An- und Bewohner arbeiteten entweder bei Osram, bei der Post oder bei der AEG, und am Wochenende war Zahltag. Außerdem hing vor der Fleischerei eine Fahne, auf der man lesen konnte: Heute frische Blut- und Leberwurst. Der Laden war voll, also stellte ich mich hinten an und war darauf gefasst, hier ein paar Stunden warten zu müssen.

Der Fleischermeister bediente gerade eine Frau, die ich kannte, denn ich hatte schon öfters mit ihrem Sohn gespielt. Wir hatten beide Spielzeugrennautos aus Blei, die innen hohl waren. Diese hohlen Rennautos stopften wir mit Fensterkitt zu, damit sie schneller auf dem Rinnstein fahren konnten. Fuhren sie zu schnell, konnte es passieren, dass das Auto dann in den Gully fiel, aus dem wir es dann mithilfe eines gebogenen Kleiderbügels, an dem ein Löffel baumelte, wieder nach oben balancierten.

Diese etwas korpulente Dame schaute sich die Auslage an, die einige Fleischstücke und diverse Wurstsorten in schönen Reihen anpries. Sie zeigte mit ihrem Finger auf ein Stück Fleisch und sagte zum Meister: „Sach'n Se mal, is det nich een Hüftsteak, det da, mit'm Knochen dran?“. „Klar, det is et. Se hab'n ja jute Oog'n“. Die Frau guckte das Fleisch prüfend an und fragte dann: „Wieviel wiecht et denn ?“. „Na, det wer'n wa jleich hab'n. So, jetzt wieje ick et, un de Antwort uff Ihre Fraje is: een un een halbes Funt“. „Na, dann nehm Se mal Ihren Finga von de Waaje un les'n Se mal det Jewicht noch mal“. „Viel wenija wiecht et ja nich. Sach'n wia mal: een Funt un zwee hundertzwanzich Jramm“. „Det is schon bessa. Wenn Se jetzt noch den Knoch'n wegschneid'n, denn wiecht et noch wenija. Wiss'n Se, den Knoch'n kann man doch nich ess'n". „Meine hochverehrte Dame", erklang es jetzt lautstark. Wenn der Fleischer wütend war, wechselte er auf Hochdeutsch über, denn das klang für ihn autoritärer. Aber das dauerte nicht lange, denn gleich danach fuhr er fort: „Ick hap ja für'n Knoch'n och mitbezahlt, un jloob'n Se mia, ick bin keen Wohltätigkeitsverein. Stell'n Se sich ma vor, de Kuh hätte keene Knoch'n. Wie würde se dann loof'n könn'n?". „ Na, villeicht könnte se fliej'n. Det heest eb'n Evolution". „So lange kann ick nich wart'n, bis de Kuh Flüj'l hat. Dea Knoch'n jeht mit, denn wat soll ick denn mit dem Knoch'n anfang'n??" „Jeb'n Se ihn doch Ihrem Köta, dea da hint'n in de Ecke sitzt un sich floht. Villeicht woll'n Se det, wat ea sich aus'm Fell polkt, ooch mit uff de Waage lej'n?". „Nee, det jeht nich. Da hat sich schon Sarasani mit seinem Flohzirkus anjemeldet, un den möcht ick nich enttäusch'n. Wiss'n Se, Se sint eene schwierige Person. Aber wie Se seh'n, is meen Laden voll, un de Leute hia woll'n ja ooch wat koof'n. De eene da sieht schon so vahunat aus, als würde se jleich umkipp'n, un denn hab'n Sie Schuld. Also, wat is: Koof'n Se oda koof'n Se nich?"

Die Frau liebäugelte mit dem Steak und fragte dann: „Sach'n Se mal, wat sind denn det füa braune Fleck'n uff de Haut? Hatte det arme Vieh villeicht Masan? Is det Fleesch ooch frisch?". „Klar, det Fleesch is so frisch, det de Kuh Se beiß 'n würde, wenn Se neb'n Se stünde. Jestan hat die Kuh noch uff de Wiese jejrast un sich dann hinjelecht, denn det mach'n se imma, wenn se det Runtajeschluckte wieda käu'n. Na, jestan hat de Sonne zu stark jeschien, un da hat se sich 'n Sonnenbrant jeholt. Un seh'n Se, de Strahl'n sint durchs Fell durch, un det erklärt de braunen Fleck'n. Det arme Tier, kann man nua sach'n. Un dann hab'n wia et jeschlachtet, um et von ihre Qualen zu erlös'n. Ja, so war et. Aber sach'n Se mir doch mal, wann woll'n Se denn det Fleesch ess'n?". „Na, in zwee oda drei Tach'n, wenn meen Sohn zu Besuch kommt". „Na , ick würde nich so lange wart'n. Det Fleesch schmeckt bessa, wenn man et den Tach isst, an dem man et kooft. Also, ick würde nich so lange wart'n". „Na ja, wenn Se sach'n, det Fleesch is frisch, denn jeb'n Se es mia, aber wickeln Se et schön ein, denn Ihr Köta dahinten, hat schon jewinselt. Also, det Fleesch is frisch?". „Aba klar, so wie ick Orje heisse". „Aba Se heiß'n doch Paul, un Ia Name steht doch an de Tür". „Ja, wiss'n Se, det is mein zweeter Name. Meene Frau dahinten schimpft mia immer Orje". „Paul, komm mal hea. Deine Wenichkeit wirt hia valangt. Du must wat untaschreib'n". „Ja, ick komme jleich, sowie ick de Dame hia bedient hap".

„Nich so schnell, Meesta, jetzt komm ick dran. Jewartet hap' ick ja jenuch. Villeicht sollt'n Se een paar Stühle hier uffstell'n, denn man steht sich ja de Beene in den Bauch. Ick wollte etwas zum Mittachess'n, aber jetzt is et schon zu spät dazu. Also jetzt koof ick etwas für'n Abent. Jeb'n Se mia mal det Stück Schweinefleisch, aba schneid'n Se mia det Jezatter ab, det kann ma ja nich ess'n". „Aba wenn ich et wegmache, dann schmeckt det Fleisch ja nich. Fett muss dran bleib'n". „Aba nich so ville. Schneid'n Se mal een bischen wek". „Na jut, weil Sie et sint". Und er schnitt etwas vom Fett ab. „Woll'n Se noch wat?" „Ach ja, det hätt' ick in de Uffregunk fast vajess'n. Jeb'n Se mia mal noch zwee Lebawürste un eene Blutwurscht. Nee, nich de uffjeplatzte da, de hat ja nua Pelle. So, de dicke da. Un jeb'n Se mia ooch noch von de Brüe da, ick hap ooch ne Milchkanne mitjebracht, de könn'n Se halb voll machen. Na. mach'n Se schon, nicht so zakhaft, dea Fleischa in dea Nebenstraße macht se mia imma fast voll. Wiss'n Se, meen Olla, dea trinkt se immer jern. Nun sei'n Se nich so zakhaft und jeb'n Se mir noch ne Kelle dazu. So, jetzt sach'n Se mia mal, is in de Wurscht ooch Marjoran drin? Det letzte Mal hap' ick det vamisst. Un ohne Marjoran schmeckt de Wurscht ja nach jar nichts. Heute Abent jipst's Sauerkraut un Pellkartoffeln. So det wär et".

Sie zahlt, und der Meister fragt noch: „Ick hap ja Ihr Frl. Tochta diese Woche nich jeseh'n. Wat macht se denn?". „Ach, wiss'n Se, die macht mia jlücklich. Ick hatte imma Angst, det se 'n Mauerblümchen bleipt, aba se heiratet neechste Woche". „Na, det is eene jute Nachricht. Wiss'n Se, ick hab' ja schon viele munkeln hör'n, det ihre Umstände sich jeändat hab'n. Als ick se letzte Woche sa un se nach ihre Umstände frachte, hat se jelacht un jesacht, det se zu viel jejess'n hätte un jetzt Diät leb'n müsse, denn sonst pass'n ihre Kleider nich mea. Un da dachte ick: Nachtigall, ick hör' dia traps'n. Also jetzt kommt se unta de Haube?". „Ja, ea hat sich ia erklärt. Een Rink hat ea ia nich jekooft, dazu reich'n seine Kohl'n nich. Aba ea liept se, und det is ja jenuch. Ick hatte schon Angst, det ea se hätte sitz'n lass'n könn' un wat sollte se dann tun mit dem kleenen Wurm? Nee, et is jut, det se heirat'n. Et hätte ja schlimma komm'n können, un dann hätt' ick se un det Kleene in meene Kochstube uffnehm'n müss'n. Un een Kint braucht doch'n Vata. Un wenn Hochzeit is, dann jipt's Bockwurscht un Buletten mit Kartoffelsalat. Un dazu jibt et ne scheene Molle, so mit Haube. Det schmeckt jut un is ooch symbolisch. Woll'n Se wiss'n, warum Bier mit Haube? Weil meene Kleene jetzt unta de Haube kommt. Se hat ja lange druff jewartet. In drei Monaten bin ick Oma, und daruff freue ick mich wie een Kenich. Un wenn det Kleene mia anschaut und sacht: Oma, ick liebe dia, dann jeht meen Herz üba. Ja, ja, so is et. Un nu jeb'n Se mia mal det Stück Fleesch, denn die anderen Leute sint schon unjeduldich".

Und schließlich kam ich an die Reihe. „Na, Gerd, du hast schön jewartet. Du willst bestimmt wieda etwas von de Landlebawurscht füa deene Mutta hab'n woll'n. Weest de wat, ick schneide dia ne Scheibe von de Wurscht ab, denn du siehst ja so vahungat aus. Hia, hast du een Stück". Und dann schnitt er die erste Scheibe von der Landleberwurst ab, ja die erste Scheibe!, und er gab sie mir. Mein Herz sank in die Hose. Wenn ich sie esse, werde ich dann sterben? Vielleicht im Laden umkippen? Oder draußen, vor dem Krematorium? Dann könnten sie mich gleich da behalten und einäschern, dann würde meine Mutter viel Geld sparen. Aber wenn ich sie nicht nehme, dann ist der Meister beleidigt. Und der Hund da in der Ecke macht keine Anstalten, mir die Wurst wegzunehmen. Vielleicht weiß er etwas, was ich nicht weiß. Hunde sollen ja so einen sechsten Sinn haben, mit dem sie Unheil ahnen können. Ich fasste dann den heroischen Entschluss, nahm die Scheibe, bedankte mich (vielleict meine letzte Danksagung) und steckte sie in den Mund. Nichts geschah, sogleich nicht, und auch später nicht. Ich sagte „Auf Wiedersehen" und eilte nachhause. Aber meiner Mutter erzählte ich nichts von meiner Heldentat.

Kiezer Kommunikation über die letzten Dinge

IN DER GERICHTSTRASSE, in der wir nach unserer Ausbombung wohnten, befand sich schräg gegenüber das Krematorium, das von einer hohen Mauer umschlossen war. Ich dachte immer, das sei die Trennungslinie zwischen dem Bereich der Lebenden und dem Bereich der Toten. Das Leben spielte sich vor der Mauer ab, mit viel Straßenlärm, mit geschäftigen Leuten, die noch viel vom Leben erwarteten, hin und her eilten, oder auch behaglich schlenderten. Hinter der Mauer begann das Reich derer, die ausgeeilt und ausgeschlendert hatten, und die endlich ihre wohlverdiente Ruhe haben wollten. So jedenfalls sah ich es.

Aber so einfach war es nicht, denn wie ich später lernte, ist es grundfalsch, Gegensätze aufzustellen und nach ihnen zu leben. Die Wahrheit ist immer, dass Trennungslinien durchlässig sind, und dass das Leben sich meistens nicht in einer weißen oder schwarzen Zone abspielt, sondern in einer grauen. So war es auch hier der Fall.

Ich hatte einmal zu meinem Geburtstag einen schönen buntfarbigen Ball bekommen, den ich immer gegen die Krematoriumsmauer warf, und den ich dann wieder auffing, wenn er zurückkehrte. Es sah so aus, als ob einer der „Untererdischen" mir den Ball zurückwarf, und ich dachte immer, dass ich mit einem oder einer Toten spielte. Manchmal stellte ich mir das Gesicht des oder der Abgeschiedenen recht plastisch vor. Meistens war es eine Jungverstorbene, die schöne braun gebrannte Beine hatte und sonst auch alles Drum und Dran, was die Frauen so haben. Ich gab ihr auch einen Namen, Traudchen, denn so hieβ ein Mädchen im Nachbarhaus. Sie sah sehr hübsch aus, und ich dachte immer, dass ich so eine Frau einmal heiraten würde. Und dann hörte ich Herrn Schnee, einen Bekannten meiner Eltern, sagen: „Na ja, Ella, du hast ja einen reichlich aufgeweckten Jungen. Schade nur, dass er nie eine deutsche Frau heiraten kann. Er ist nicht reinrassig, denn er hat ja jüdisches Blut in sich, und du weißt ja, dass eine Heirat zwischen einem Halbjuden und einer Arierin Rassenschande ist und bestraft wird". In meinen Träumen jedoch betrieb ich viel Rassenschande. Und so auch hier an der Krematoriumsmauer. Ich warf den Ball auf mein Traudchen, und sie warf ihn mir geschickt wieder zurück. So ging es hin und her, bis ich etwas müde wurde.

Ich ging über die Straße zu einem großen Park, dem Courbiereplatz, der im Volksmund Lausepark heißt, vielleicht weil es da Läuse gab oder gegeben hatte, oder auch weil die Kinder sie mit in den Park brachten. Ich setzte mich dann auf eine Bank und aß von meiner Butterstulle, die ich mit den vielen Vögeln in diesem Park teilte. Dieser Park war aber auch nicht nur für Kinder da, sondern auch ein Versammlungsort von Senioren und Seniorinnen, die auf der Bank saßen und sich sonnten. Aber nicht nur. Da es in unserem Kiez nur wenige Telefone gab, war dieser Park auch ein Kommunikationszentrum, und man tauschte Erfahrungen, Erlebnisse, Gerüchte und auch Kochrezepte aus.

So erfuhr man zum Beispiel, dass die Müllers sich getrennt hatten, denn er wollte nach Aachen ziehen, sie aber in Berlin bleiben. Und zum Hin-und-Her-Fahren hatte sie keine Lust und auch kein Geld. Und der Schulze, der mittleren Jahrgangs war, hatte ein Techtelmechtel mit einer Untermieterin angefangen, von seiner Frau bezeichnet als „vorn doof unt hinten minorenn". Er zog aus, und seine Frau reiste auf ein paar Tage zu ihrer Schwester nach München. Eine Frau berichtete, dass ihr jüngerer Sohn ein Bratkartoffelverhältnis mit einer verwitweten Frau angefangen hatte. Einige puhlten aus ihrem Langzeitgedächtnis die gute alte Zeit heraus, eine Zeit, wo die Molle und ein Würstchen nur einen Groschen kostete, wo man am Sonntag eine Dampferfahrt auf der Spree oder der Havel machen konnte, und dann da ausstieg, wo die Tafel verkündete: „Der alte Brauch wird nicht gebrochen, hier können Familien Kaffee kochen" – man zahlte für das Geschirr und das heiße Wasser, und brachte das Kaffeepulver, oder den gemahlenen Kaffee und den Kuchen mit. Ja, ja, die gute alte Zeit. Und so gab es einen ganzen Berg vom Vergangenen und von Neuigkeiten, die von einem Aha oder von „Also, ick weeβ nich" kommentiert wurden. Beendet wurde dieser Informationsaustausch gewöhnlich mit der Bemerkung: „Also, als ick junk wa', da jap et so wat nich. Da herrschte noch Ordnunk unta unsarem Kaisa. Dea Mann bliep bei seina Alten, unt de Alte bei ihm. Wekloof'n jap et nich. Et heeβt ja: Bis dass dea Tot euch scheide. Aba de Leute jeh'n ja nich mea in de Kirche. Wo soll det allet hinführ'n?". Und dann herrschte Schweigen, denn jeder hing seinen eigenen Gedanken nach. Nur einige Male, wenn ein Kind mit seinem Roller hinfiel, erklang es: „Wenn Doofheit noch kleen machen würde, könnste untam Teppich Rad fahr'n. Wenn de dann umkippst, fällst de nich so tief", oder „Fall langsam, dann haste mea vom Leb'n" – da wurde gelacht, und der Unglücksrabe bestieg wieder seinen Roller.

Ich setzte mich auf die gegenüberliegende Bank, auf der zwei alte Männer saßen, die gemütlich an ihrer Pfeife herumnuckelten. Der eine fütterte die Tauben, der andere las die letzten Neuigkeiten in der Zeitung, die jemand auf der Bank hatte liegen lassen. Als er damit fertig war, sagte er zu seinen Nachbarn: „Mia is ja heute janz blümerant zumute, denn ick hap nich jut jeschlaf'n. Ick war uff 'ne Party, un die wa' jottweedee [= ganz weit draußen], un da bin ick erst morjens nachhause jekomm'n. Aba ick muss dia een jut'n Witz erzähl'n, un dea is nich Asbach Uralt. Also, hör ma jut zu. Ick sache dia, de bepisst dich vor Lach'n. Willste ihn hör'n?". Er musste seine Frage dreimal wiederholen, jedes Mal mit gehobener Lautstärke, denn der andere war sehr schwerhörig. Endlich hatte der verstanden und nickte mit dem Kopf seine Zustimmung.

Das war der Startschuss bei seinem Nachbarn, und er inszenierte ihn so lautstark, dass die Frauen auf der gegenüberliegenden Bank mithören konnten, was sie auch taten: „Da kommt doch een kleena Steppke in de Eckkneipe unt will Rum koof'n. Wahrscheinlich hatte ihn seine Mutta dorthin jeschickt, die eene Erkältunk hatte, die se sich nach Hausrezept wieda kurieren wollte. Du weeßt ja: Een Drittel Rum, zwee Drittel heiß'n Tee druff un drei Löffel Honich dazu, und dann hoch de Tass'n. Aba wahrscheinlich hatte se keen' Rum mea, un so schickte se ihren Sohnimatz in de Kneipe, um ihre Medizin zu hol'n. Also kommt dea Dreikeesehoch in de Budike und fracht den Wirt: ‚Sach'n Se mal, kriecht ma hia Rum?'. Dea Wirt kiekt den Kleenen vawundet an und erwidat: ‚Nee, meen Sohn, hia kriecht man nich rum, hia sitzt man'. Mensch, dea Witz ist doch jroße Klasse. Findste nich ooch? Sach mal, warum lachst du denn nich? Is et nich komisch? Sach doch wat. Det is ja wie zum Mäusemelken mit dia".

Die Antwort kam, nachdem der Fragesteller sie dreimal gestellt hatte: „Nee, det finde ick übahaupt nich komisch, ooch nich lustich". Der andere fragte verblüfft zurück: „Sach ma, stimmt bei dia etwat nich? Hasste denn keen Sinn füa Humoa?". „Klar, den hap ick. Aba nich füa den, den du mia erzählt hast. Ick bin neemlich Temperenzler un kann solche Witze nich hör'n". Der andere etwas verwirrt: „Sach mal, Temperenzler bis de. Is det een politischa Verein? Ick hap davon nie wat jehöat". „Det is keen politischa Verein, det is 'n Verein jegen Alkohol". Und dann legte er los: „Also, als ick noch jung wa, da machte ick et jenau so wie de Mutta in dea Jeschichte. Wenn ick ne Erkältung hatte, kippte ick een Drittel Rum in de Tasse, joss zwo Drittel Tee druff un jap drei Löffel Honich dazu. Un manchmal jink de Erkältung ooch wek, aba manchnal nich. Da dacht' ick: wenn een Drittel Rum nich hilft, so muss man mea neh'm. Also joss ick de Tasse halp voll. Det schmeckte schon bessa. Un da dacht ick: wenn det schon so jut schmeckt, villeicht schmeckt et noch bessa, wenn man übahaupt keen Tee dazu nimmt?. Un du kannst mia jloob'n – et schmeckte bessa, viel bessa, un ick verjass dann, det ick eene Erkältung hatte. Un nach einiga Zeit wurde ick Alkoholika, un det war schlimm. Als ick ene Nacht mal musste, fiel ick hin un brach mir det Been. Un dea Arzt empfahl mia, den Temperenzlern beizutret'n, det sint Antialkoholiker, so ne Art Heilsame für Säufa. Un den Tee nehm ick jetzt ohne wat".

Der Andere überlegte lange und sagte dann: „Ja, det Leb'n is nich einfach. Ooch ick hab so meene Probleme. Ick bin Atheist jeword'n, un det kam so: Ick hap wat jegen de Kirchenjlock'n. Ick wohne nehmlich jleich neb'n dea Dankeskirche, in dea Müllerstraße, jejenüba vom Rathaus. Un de Jlock'n bimmeln am Morjen, se bimmeln zu Mittach, se bimmeln an Abnt, un wenn ick schlafe, bimmeln se mia im Traum. Un da hab' ick mia jedacht: Die bimmeln von meenen Kirchensteuern, ick Dussel zahle ja noch dafüa! Un dann bin ick aus de Kirche ausjetrt'n, sozusach'n een Protestakt. Det hat aba nich viel jeholf'n, denn de Jlocken bimmeln imma noch. Aba dann kam dea Hak'n. Ick hör ja jerne Orjelmusik, un wo kannste se hör'n, wenn nich in de Kirche? Un det sogar umsonst! Also jeh ick jed'n Sonntach in de Kirche, setz mich hint'n hin un jenieße die scheene Musik. Ja, so is et".

Der Andere nickte mit dem Kopf. Er hatte zwar nicht alles verstanden, aber er dachte, wenn er mit dem Kopf nickte, dann dachten die Leute, er hätte alles mitbekommen und stimmte ihnen zu. Im Grunde hatte er nur drei Wörter deutlich gehört: Kirche, Glocken und Orgel. Diese fügte er dann zu seiner eigenen Geschichte zusammen, und er glaubte, dass sein Nachbar ein Gespräch über die letzten Dinge geführt habe. Aber er war nicht sicher, dass dies auch der Fall war. Und so sagte er vorsorglich: „Ja, ja. Det Leb'n is hart. Et kommt imma andas als man will“. Er hatte diesen Spruch einmal gehört; er hatte ihm gefallen, und er hatte herausgefunden, dass dies auch eine Ansicht vieler Mitmenschen in seinem Kiez war. Da sein Nachbar bestätigend mit dem Kopf nickte, fuhr er fort: „Also ick jehe jed'n Sonntach in de Kirche, obwohl ick Orjelmusik hasse. Weil et logisch is, an Jott zu jloob'n. Siehst de, wenn et nen Jott jibt, un er schaut dich an, wenn de da ob'n bist, so kommst de ins Paradies, denn du hast ja an ihn jejloobt. Aba wenn et ihn nich jibt, dann macht et ja nichts aus, ob de an ihn jejloobt hast oda ooch nich, denn nischts Jenaues weeß man nich. Also is et bessa un logischa, an ihn zu jloob'n. Sicha is sicha“.

Das war mein Religionsunterricht im Weddinger Kiez. Ich hatte mich gut ausgeruht, viel über die Verbindung von Metaphysik und Logik gehört, nahm meinen Ball und ging wieder über die Straße, um wieder mit meinem alles Drum-und-Dran-Traudchen zu spielen, das schon sehnsüchtig auf mich wartete, auf der Mauer saß, und mit den braunen Beinen baumelte. Rassenschande war nie so schön.

Intermezzo: Ein Witz, der keiner ist

KURZ NACH DEM Kriegsende, ich glaube, es war der 10. Mai 1945, traf ich meinen ehemaligen Schulkameraden aus der Volksschule. Es war Joachim, der mich nicht so hänselte wie die anderen. Er war in guter Stimmung, und ich fragte ihn nach dem Grund. Er sagte, dass er froh war, seinen Vater wieder zu haben. Ich hatte schon das Gerücht gehört, dass man seinen Vater eingesperrt hatte und bat ihn jetzt, mir zu erzählen warum.

Er legte gleich los: „Mein Vater hat bei dem Maschinenbauer Borsig gearbeitet, und da hat er einem Mitarbeiter einen Witz erzählt. Der ging so: Himmler, Göring und Goebbels fuhren einmal mit ihrem Wagen auf das Land. Himmler fuhr, passte nicht auf und überfuhr einen Hund. Das alles geschah vor einem Bauernhof, und er dachte, dass es gut sei, die Leute zu benachrichtigen und sich zu entschuldigen. Er ging in das Haus hinein, kam aber nach einer Minute wieder mit rotem Kopf heraus, denn die Leute waren wütend und hatten ihn wieder auf die Straße gesetzt. Als nächster ging Göring hinein, aber es ging ihm genauso. Da sagte Goebbels: ‚Ich will es mal versuchen', und er begab sich zu den Bauern. Die beiden warteten im Auto, aber Goebbels kam und kam nicht heraus. Sie hatten schon Angst, dass ihm etwas passiert war, aber so nach einer halben Stunde öffnete sich die Tür und Goebbels kam heraus mit zwei Körben gepackt mit Schinken, Würsten, Käse und anderen Kostbarkeiten. Himmler und Göring waren sehr erstaunt, und sie fragten ihn: ‚Was ist passiert? Wie hast du das gemacht?'. Goebbels schaute sie an und sagte: ‚Ich weiß es wirklich nicht. Ich ging in das Haus, hob die Hand zum Hitler Gruß und sagte: ‚Heil Hitler. Der Hund ist tot'. Die Leute schauten mich erstaunt an, klatschten und lachten, luden mich dann zum Abendessen ein, und gaben mir noch die zwei Körbe mit, voll von Sachen, die gewöhnliche Sterblichen überhaupt nicht mehr bekommen'. Ja, so war es. Also mein Vater erzählte seinem Mitarbeiter diesen Witz und lachte dabei. Der jedoch lachte nicht, denn er war noch 100%iger Nazi, der jetzt noch an den Endsieg glaubte. Er ging stracks zum Sicherheitsdienst und sagte dem Beamten, was er gehört hatte".

„Die Folge ließ nicht lange auf sich warten. Schon zwei Stunden später wurde mein Vater von Angehörigen des Hauptamts für Sicherheitsdienst von der politischen Überwachungsstelle abgeführt und verhört. Wie mein Vater mir dann erklärte, ging das folgendermaßen zu. Der Vollblutnazi fragte ihn: ‚Sie haben sich über unseren Führer mokiert, und das ist Wehrzersetzung und wird mit dem Tode bestraft. Es ist besonders schlimm, dass dies am 20. April geschehen ist, dem Geburtstag unseres Führers. Also haben Sie gesagt: ‚Heil Hitler. Der Hund ist tot?' '. Mein Vater schaute die beiden an und erwiderte: ‚Ich habe diese Frage nicht richtig verstanden. Könnten Sie sie bitte noch einmal wiederholen?'. Der Beamte, jetzt wütend geworden, schrie meinen Vater an: ‚Ja: Heil Hitler. Der Hund ist tot'. Mein Vater sagte: ‚Ja, das habe ich gesagt, aber nicht so, wie sie es ausgesprochen haben. So wie Sie es gesagt haben, ist es Wehrzersetzung und muss bestraft werden'. Der Beamte fragte dann: ‚Wie haben Sie es denn gesagt?'. Mein Vater erwiderte: ‚Die Worte stimmen ja, aber Ihre Intonation stimmt überhaupt nicht. Ich habe nämlich zwischen ‚Hitler' und ‚Der Hund' eine Pause von mindestens zwei oder drei Sekunden gemacht. So wie sie es sagen, ohne Pause, bedeutet es ja dass Hitler ein Hund sei, und das hat überhaupt nicht in meiner Absicht gelegen. Ich war aber sehr traurig über diesen Witz, denn Sie müssen wissen, dass ich Hundeliebhaber bin. Himmler hätte vielleicht besser aufpassen müssen'.

Die Beamten waren verblüfft. Da sagte der eine: ‚Im Grunde genommen stimmt es ja, aber ich glaube, wir müssen den Mitarbeiter fragen, wie er es gesagt hat'. Der andere Beamte, der einen höhere Rangstufe hatte, erwiderte: ‚Dann bestellen wir ihn doch hierher'. Er telefonierte lange und sagte, dann, dass das im Augenblick nicht gehe, denn der Mitarbeiter sei jetzt zum Volkssturm eingezogen und muss beim Bau der Panzersperre in der Schulstraße mitmachen. Die beiden Beamten ließen dann meinen Vater wieder abführen, und er kam in eine Zelle. Als er ging, wurde ihm allerdings gesagt, dass das Verfahren gegen ihn noch liefe, dass es also nur um einen Tag oder zwei Tage vertagt sei. Dazu kam es aber nicht, denn am selben Tag schossen die Russen schon mit ihrer Stalinorgel, diesem Mehrfachraketenwerfer, in die Stadtmitte, und das Leben spielte sich jetzt nur in dem Luftschutzkeller ab. Mein Vater wurde sozusagen vergessen".

„Am 2. Mai wurde die Tür zu seiner Zelle geöffnet, und mein Vater sah einen russischen Soldaten, der ihn ins Büro brachte, wo ein höherer russischer Offizier saß. Dieser fragte ihn in einem akzentfreien Deutsch, warum man ihn hier eingesperrt hatte. Mein Vater erzählte ihm seine Geschichte. Der Offizier lachte Tränen, schüttelte meinem Vater die Hand, und sagte ihm, dass er solch ein Witz schon seit langem nicht gehört habe. Er war erst seit zwei Jahren bei der russischen Armee, denn er hatte bis dahin Germanistik an der Universität Petersburg unterrichtet. Und das erklärte auch sein gutes Deutsch. Dann allerdings wurde er nachdenklich und sagte meinem Vater: ‚Die Sicherheitsbeamten hatten an sich Recht gehabt, denn in dem Satz: Heil Hitler. Der Hund ist tot, liegt ja eine gewisse Ambiguität, verursacht durch die eventuelle Pause zwischen Hitler und Der Hund. Wenn man diese Worte schnell ausspricht, so bedeutet es, dass Hitler und Hund durch die Alliteration gleichgesetzt sind, denn sie beginnen beide mit dem Buchstaben H. Legt man jedoch eine Pause ein, so kann dieser Eindruck nicht entstehen. Aber wissen Sie, es gibt einen Satz, der diese Ambiguität beseitigt. Und hier ist er: Hitler, der Hund, ist tot. Und daran ist nichts zu rütteln, das ist kein Witz'. Mein Vater schaute ihn an und sagte dann: ‚Gott sei Dank!'. Darauf der Offizier: ‚Manchmal hängt ein Leben von zwei oder drei Sekunden ab, wie auf dem Schlachtfeld. Und da wollen wir uns einen genehmigen'. Er griff in seinen Beutel, der ihm über die Schulter hing, holte eine Flasche Wodka heraus und goss dann zwei große Wasserglas voll. ‚Also', sprach er, ‚Hoch die Tassen'. Mein Vater, der nie in seinem Leben Wodka getrunken hatte, und noch nie so viel Alkohol, bat den Offizier danach, ihn noch eine Nacht in seiner Zelle übernachten zu lassen, wo er dann auch seinen Rausch ausschlief. Und so hatte ich meinen Vater wieder."

„Als er uns zuhause seine Erlebnisse erzählt hatte, setzte er noch etwas hinzu. Er sagte mir: ‚Joachim, das war das größte Aha-Erlebnis meines Lebens. Stell dir mal vor – dass ich doch den Nazibonzen dazu gebracht habe, meine politische Überzeugung zweimal auszusprechen, nicht nur leise, sondern so lautstark, dass viele es hören konnten. Und der Nazisympathisant, dem ich diesen Witz erzählt hatte, war überhaupt nicht mehr zu finden. Als die Panzersperre fertig war, drückte man ihm eine Panzerfaust, diese Panzerabwehrwaffe, in die Hand. Er entschuldigte sich, sagte er müsse mal, gab die Waffe seinem Nachbarn, und er wurde nie wieder gesehen. Er setzte sich ganz einfach in den Westen ab, wo sein Onkel wohnte, bei dem er untertauchte. Es war ihm bekannt, dass die Amis mit den Nazis etwas humaner umgingen als die Russen. Da hatte ich wirklich Glück gehabt. Wir alle können froh sein, dass ein Witz manchmal aufhört, ein Witz zu sein".

Die zwei Gesichter der Ordnung

DIE ZEIT WAR 1945, und die Ordnung des Zusammenlebens war zusammengebrochen. Die Russen waren schon in Berlin und kämpften sich von Straße zu Straße weiter in Richtung Reichskanzlei. Für viele Menschen war das ein Signal, sich zu bereichern. Auch ich ging auf die Straße, in der Hoffnung, etwas zum Essen zu finden. Ein großes Lebensmittelgeschäft um die Ecke hatte keine Schaufenster mehr, und der Laden war gefüllt mit Leuten, die die Waren von den Regalen nahmen. Nach einiger Zeit war ich allein in diesem Geschäft, die Regale waren leer – das Geschäft war ausgeplündert. Da sah ich einen Kasten in der Ecke, der Lebensmittelmarken enthielt, denn zu dieser Zeit konnte man nur mit Lebensmittelkarten einkaufen. Auch wenn man zum Essen ging, nahm man die Lebensmittelkarten mit, und der Kellner schnitt dann fein säuberlich die Marken ab, deren Wert auf der Speisekarte neben dem Gericht verzeichnet war. Das Restaurant und die Lebensmittelgeschäfte klebten sie in ein Buch und schickten sie zum Reichsernährungsamt, das den Händlern und den Restaurants dann die Befugnis gab, Waren im gleichen Wert von dem Großhändler zu beziehen. Der Staat sorgte dafür, dass alle Einwohner trotz der herrschenden Knappheit Lebensmittel einkaufen konnten. Diese Karten hatten verschiedene Farben: weiß, rot und grün. Ich nahm alle, und zuhause sortierte ich sie aus. Da ich auch einen Koffer mit vielen Banknoten gefunden hatte, die wahrscheinlich jemand aus einem Tresor entwendet hatte, zog ich mit meinem Plattenwagen los, um einzukaufen.

Das Einkaufen war nicht ungefährlich, denn die Russen standen mit ihren T-34 Tanks vor den Barrikaden und schossen über sie hinweg. Die Vorhut hatte die Barrikaden schon umgangen und schoss von hinten auf die Verteidiger, meistens Jugendliche zwischen 14 und 15 Jahren. Ich ging in die Schererstraβe, wo eine Fleischerei war. Sie war geschlossen, ich klopfte an die verbarrikadierte Tür, und es wurde aufgemacht. Ich sagte dem Inhaber, dass ich für das gesamte Haus Lebensmittel kaufen wollte.

Der Mann setzte sich die Brille auf, nahm meine Lebensmittelkartenabschnitte, guckte sie genau an, und klebte sie dann jede einzelnen in ein großes Buch. Dann wog er zehn Pfund Fleisch ab, wickelte sie säuberlich ein und überreichte sie mir. Als ich ging, sagte er noch: „Ja, mein Sohn, Ordnung muss sein, so haben wir es gelernt“. Im Lebensmittelgeschäft nebenan kaufte ich noch ein großes Emmentaler - Käserad, das mindestens fünfundzwanzig Pfund wog, und ein paar Keile von dem Gouda Käse.

Mein nächster Stop war die Brotfabrik August Wittler, die sich gleich an der Adolfstraβe befand. Zwei Straßen weiter war die Panzersperre, die der Volkssturm aufgeschichtet hatte. Zwei oder drei Panzer standen davor und schossen über sie hinweg in unsere Richtung. Wir standen in Reihen zu zweit, dicht an die Häuserwand gepresst, und warteten darauf, eingelassen zu werden. Nach einiger Zeit wurde die Tür aufgemacht, wir gingen die Treppe hinauf in den Verkaufssaal, präsentierten unsere Brotkarten (Normalverbraucher erhielten 1778 g Brot pro Woche), die fein säuberlich wieder in ein Buch eingeheftet wurden, bekamen ein halbes Kommissbrot und zahlten zweiundsiebzig Pfennige dafür.

Ich hatte meinen Plattenwagen vorsorglich in eine geschützte Ecke gestellt, zog ihn dann wieder hervor und begab mich nachhause. Da die Tür zur Fleischerei, in die ich immer ging, um Landleberwurst für meine Mutter zu kaufen, offen stand, ging ich hinein. Das Paradoxe war, dass die Russen nur einen Tag oder zwei Tage weit weg waren, aber dass die Leute trotzdem noch jetzt ihre Einkäufe machten. Der Meister bediente ein paar Menschen, die ihm ihre Lebensmittelmarken überreichten, die er ebenfalls in sein Buch einklebte. Ich kaufte noch ein halbes Pfund Landleberwurst für meine Mutter, gab dem Meister die Marken und das Geld und wollte gehen. Da rief er mich zurück und sagte mir: „Gerd, du warst immer ein guter Junge. Du bist zwar Jude, aber Juden sind doch auch Menschen. Ich hab dich immer gern gehabt. Hier hast du noch eine Scheibe Prager Schinken für den Weg. Du bist zwar Jude, bist aber, wie ich glaube, aufgeklärt. Und du darfst den Schweinefleischschinken ohne Gewissensbisse essen”.

Ich nahm dann die Scheibe und aβ sie. Ich tat es auch deshalb, um den Leuten zu zeigen, dass ich aufgeklärt war, obwohl ich nicht wusste, was ein aufgeklärter Jude war. Als ich ging, sagte er noch: „Ordnung muss ja sein. Denn wo kämen wir hin, wenn wir keine Ordnung hätten. Du wirst sehen, die Ersatzarmee Wenk ist schon auf dem Anmarsch und steht schon vor Berlin. Sie wird unsere Stadt wieder in den Griff kriegen". Da dachte ich, sie mag zwar vor Berlin stehen, aber die Russen sind doch jetzt schon in Berlin. Ich sagte aber nichts. Nach der Kapitulation ging ich wieder an der Fleischerei in der Schererstraße vorüber. Der Laden war ausgeräumt, und vor dem Laden, am Rinnstein, lag das Buch mit den eingeklebten Lebensmittelmarken, vollkommen aufgeweicht und verheddert.

Viel später, im Jahre 2015, hatte ich zwei Erlebnisse, die mich nachdenklich stimmten. Als ich eine Bekannte in einem Seniorenheim besuchte, kam eine ältere Frau auf mich zu. Sie war sehr aufgeregt, und sie weinte. Als ich sie nach dem Grund fragte, sagte sie mir: „Ich kann heute nicht essen gehen, denn ich kann meine Lebensmittelkarten nicht finden. Entweder habe ich sie verlegt, oder jemand hat sie gestohlen. Und ohne Lebensmittelmarken bekomme ich doch kein Essen". Es war offensichtlich, dass das Langzeitgedächtnis dieser Frau wieder aktiv geworden war. Es stimmte, dass man vor 1945 ohne Lebensmittelmarken kein Essen bekam. Eine Polin, die zum Dienstpersonal gehörte, sagte mir, dass diese Frau demenzkrank war und sich manchmal nicht in der Realität zurechtfinden konnte. Ich glaube, ich hätte dieselbe Antwort auch von anderen erhalten, die jünger waren. Die Polin und die jüngere Generation, konnten diese Frau nicht verstehen, denn sie lebten in der Jetztzeit, während die Patientin sich wieder in der Vergangenheit befand.

Das zweite Erlebnis hatte ich, als meine beiden Enkelkinder in Berlin waren. Wir standen an einer Straßenecke und warteten darauf, dass die Ampel auf grün umschaltete. Wir alle warteten, außer einem, der es sehr eilig zu haben schien, und der anfing, sein Rad über die Straße zu schieben. Da hielt ihn meine Enkeltochter am Hinterrad fest und sagte ihm: „You can't do this. You have to wait for green". Der Radfahrer war verblüfft, kehrte dann aber wieder zurück, lächelte und sagte zu ihr: „You are right. I am sorry". Hier hatte der Satz: „Ordnung muss sein" seine Richtigkeit.

Es reden und träumen die Menschen Viel von besseren, künftigen Tagen

ICH WAR GERADE vierzehn geworden, als der Krieg zu Ende war, und das war mein Glück, denn Mischlinge ersten Grades waren mit Erreichen des vierzehnten Lebensjahres Freiwild; sie waren dann einem wachsenden Verfolgungsdruck ausgesetzt. Dieser war in den Bezirken Berlins verschieden, weniger stark im westlichen Teil Berlins als im nördlichen, in dem ich lebte. Ich brauchte zwar keinen sechszackigen Judenstern zu tragen, obwohl meiner Mutter öfters ans Herz gelegt wurde, mir einen dreistelligen an die Jacke zu heften.

Um das Folgende zu verstehen, muss ich einige Monate zurückgehen, zum Monat Februar im Jahre 1945. Es war Mittagszeit, und meine Mutter hatte das Essen auf den Tisch gestellt. Kaum hatten wir angefangen zu essen, heulten die Sirenen, das Signal, sich in den Luftschutzkeller zu begeben. Und zwar schnell, sehr schnell, denn die Flugzeuge hatten es nicht mehr weit bis zur Hauptstadt. Ich griff den Vogelkäfig mit Peter, meinem Wellensittich, und einen kleinen Koffer mit Verbandstreifen, Jod und Dextropur, einer Art Traubenzucker, der, wie ich gelesen hatte, einem viel Energie gab, wenn man keine mehr hatte.

Der Keller war schon voll, als wir nach unten kamen. Wir hörten das Brummen der Flugzeugmotoren und das Knallen der Flak, der Fliegerabwehrkanonen. Und da geschah es. Zuerst setzte eine Totenstille ein. Dann begann es immer lauter zu pfeifen; die Kellerfenster, die Türen, der Notausgang und die Wände begannen zu zittern, die nackte Glühbirne an der Decke schwankte hin und her, zuckte und erlosch, und dann folgte eine Explosion, die den Boden unter uns hochhob. Wir hatten uns schon beim Pfeifen flach auf den Fußboden gelegt und den Mund geöffnet, denn wir wussten, dass der Luftdruck unsere Lungen zerreißen könnte. Danach folgte fast beruhigend das leise Rieseln von Kalk. Zum Abschluss hörten wir das Klack-Klack-Klack der herunterfallenden Latten der Jalousien, die vor den Fenstern angebracht waren. Wir nahmen die Finger aus den

Ohren, denn wir hatten sie vorsichtig hineingesteckt, um das Trommelfell nicht platzen zu lassen. Wir wussten, diesmal hatten wir etwas abbekommen. Wir standen auf, ja wir konnten aufstehen, waren also nicht tot. Wir konnten die Tür zum Kelleraufgang nicht öffnen, denn die eingestürzte Decke lag davor. Mit der Axt, die an der Wand hing, brachen wir durch den Notausgang und begaben uns auf den Hof. Unser Haus stand noch, und das war sehr beruhigend, aber die dunklen Fenster, die kein Fensterkreuz mehr hatten, gähnten ins Leere. Unser Essen lag jetzt auf dem Hof, die Teller waren zerbrochen, und das Besteck lag wer weiß wo. Es sah aus, wie bei einem Polterabend, an dem Geschirr und andere alte zerbrechliche Porzellanstücke vor der Wohnung des Noch-nicht-Ehepaares am Vorabend der Hochzeit auf den Boden geworfen werden, um die bösen Geister zu vertreiben. Auch hier gab es zerbrochenes Geschirr, aber die bösen Geister waren noch geblieben. Der Luftschutzwart vom Nebenhaus kam und erzählte uns, dass eine Luftmine, auch Wohnblockknacker genannt, der nicht in der Luft explodiert, sondern dessen Explosion durch einen Aufschlagzünder hervorgerufen wird, vier Häuser weiter in das große Mietshaus hineingegangen sei. Das Vorderhaus, die beiden Seitenflügel und das Hinterhaus waren vollkommen kaputt; kein Stein stand mehr auf dem anderen. Und über hundert Menschen hatten im Keller ihr Leben eingebüßt.

Unter den Toten befand sich auch die Mutter von meinen Spielkameraden Siegfried, der mich gerade aufgesucht hatte, denn wir tauschten die mit einer Phophoreszenz bestrichenen Ansteckplaketten aus, die wir an den Revers unserer Jacken hefteten. Sie leuchteten in der Nacht, um ein Zusammenstoßen zu verhindern. Da die Stadt vollkommen verdunkelt war, um den Bombern kein Ziel zu bieten, war dies eine gute Methode, Unfälle zu vermeiden. Diese Plaketten wurden denen gegeben, die eine Gabe für das WHW opferten, das Winterhilfswerk, das schon jahrelang existierte, um Bedürftige wie Flüchtlinge und zivile Opfer zu unterstützen. Die Plaketten sahen wunderschön aus. Sie bestanden aus den Märchenmotiven, die allen bekannt waren. Wenn man in der Nacht durch die Straßen ging, konnte es passieren, dass Hänsel und Gretel auf einen zukamen, oder Rumpelstilzchen oder auch Schneewittchen. Siegfried und ich tauschten manchmal unsere Kostbarkeiten aus, wenn ich drei oder vier Dornröschen hatte und er mehrere Aschenputtel.

An diesem Tag blieb Siegfried bei uns im Keller. Als die Entwarnung kam, ging er nachhause, d.h. zu der Ecke, wo sein Zuhause gewesen war. Es stand nicht mehr da. Bagger und Kräne der Organisation Todt, die im Sommer 1943 zur Behebung von Luftangriffsschäden gegründet wurde, waren schon dabei, den Schutt von der Straße zu beseitigen. Sie zogen auch die Toten aus dem Schutt, darunter auch Siegfrieds Mutter. Er weinte, als er das sah, und ich wusste nicht, was ich sagen sollte. Dann hatte ich eine Idee, und ich gab ihm meinen Karton mit den Leuchtplaketten. Ebenfalls meine Bommelsammlung. Man band sich zu dieser Zeit große Bommeln in verschiedenen Farben um den Hals, nicht um einer Erkältung vorzubeugen, sondern nur weil es damals unter Jugendlichen so Mode war. Das war alles, was ich tun konnte. Gleich am selben Tag zog Siegfried zu Verwandten, die in der Nähe wohnten.

Ein paar Tage nach dem Krieg traf ich ihn wieder, und wir beide gingen auf den Schuttberg, der einstmals sein Zuhause gewesen war. Wir blieben an der Stelle stehen, an der wir glaubten, dass hier einmal seine Wohnung gestanden hatte. Und dann sahen wir etwas ganz Außergewöhnliches: Wir sahen einen Löwenzahn, einen ganz gewöhnlichen Löwenzahn, der sich aus dem Trümmerschutt der kaputten Wohnungen emporhob, und seine grünen Blätter entfaltet hatte, aus denen sich ein gelber Blütenkopf erhoben hatte. Wir beide starrten ihn an – wie war das möglich, dass in diesem Chaos der Destruktion es möglich war, dass eine Blume hier wachsen konnte? Dann kamen noch ein paar andere Jungen hinzu, die in dem Schutt herumstocherten, um vielleicht noch ein paar Kostbarkeiten zu finden. Wir alle starrten diese Unkrautblume an, die für uns kein Unkraut war. Und dann sagte Siegfried: „Diese Blume hat mir meine Mutter geschickt. Ihr Herz liegt noch unter dem Schutt, aber dies ist ihre Botschaft an mich, dass nach all der Scheiße hier das Leben ja weitergeht. Meine Mutter sagt mir jetzt, wenn der Löwenzahn es schafft, sich wieder über den Schutt zu erheben, dann kannst du es auch. Schau dir die Blume genau an und nimm sie dir als Beispiel“. Und wir alle, die um diese Blume herumstanden, nickten mit dem Kopf. Und einer holte noch etwas Wasser, und wir begossen sie.

Der Löwenzahn, der für uns die schönste Blume war, war unser Motto für die nächste Zeit. Es war nicht einfach, aus dem Schutt der Vergangenheit heraus zu leben. In den nächsten Jahren gab es Hungersnot, Flüchtlingsaufnahme aus den Ostgebieten, darunter auch meine Tante, die mit ihrem Mann aus dem Netzebruch vertrieben wurden und nach Berlin kamen, wo sie beide dann kurz darauf an Typhus starben. Es war die Zeit der Hamsterfahrten, nicht im Zug, sondern auf den Dächern und auf den Trittbrettern, die Zeit des Schwarzmarktes und der Winterskälte.

Später, als ich wieder auf das humanistische Gymnasium ging, das jetzt den Namen gewechselt hatte und Heinrich-Schliemann-Schule hieß, behandelten wir Homers *Ilias* und seine *Odyssee* im Unterricht. Da wir nur eine Kopie hatten, mussten wir für jede Klasse zwanzig Zeilen dieser unsterblichen Werke auswendig lernen, die wir dann besprachen. Darunter war auch die Klage der Griechen, die jahrelang vor den Toren Trojas lagerten, weit weg von ihrer Familie, ihren Frauen und Kindern, und die dann ihre Klage in die Zeilen formulierten, die in der Übersetzung folgendermaßen lauteten:

> Einst wird kommen der Tag, da die heilige Ilios [Troja] hinsinkt,
> Priamos selbst, und das Volk des lanzenkundigen Königs.

„Einst wird kommen der Tag" war auch unsere Hoffnung und Parole. Der Winter 1946 /47 war so kalt, dass wir eine centimeterdicke Eisschicht in unserer Wohnung an den Wänden hatten, kein Wasser, keine Toilettenspülung und kein Brennstoffmaterial, sodass wir unsere hölzernen Stühle zersägten und verfeuerten. Nach der Schule standen wir an der Straßenecke in der bitteren Kälte und schrien unsere Losung im Original den Fußgängern entgegen: „Einst wird kommen der Tag". Die Leute dachten, wir seien verrückt und gingen dann kopfschüttelnd vorüber. Wir waren aber nicht verrückt, sondern wir hofften, hofften auf bessere Tage. Später lasen wir Xenophons *Anabasis*, eine historische Beschreibung, in der vor 2.400 Jahren der ehrgeizige Prinz Kyros der Jüngere nach dem Tode seines Vaters, des persischen Groβkönigs Dareios II, gegen seinen Bruder Artaxerxes II. zu Felde zog. Nach dem Tode von Kyros wandten sich 10.000 griechische Söldner wieder der Heimat zu. Sie wanderten durch gefährliche Länder und Wälder, um nach ihrer langjährigen Abwesenheit wieder zu ihren Familien zurückzukehren. Für uns war das leicht verständlich, denn wir sahen Hunderte von zurückkehrenden Soldaten aus der sibirischen Gefangenschaft, die ebenfalls zu ihren Familien zurückkehren wollten, und die fast verhungert und mit erbärmlichen Fetzen behangen, manche ohne Schuhwerk, viele Entbehrungen auf sich genommen hatten. Die Griechen waren fast verzweifelt, aber dann geschah es, dass die Vorhut ausrief: Thalatta, Thalatta – das Meer, das Meer. Da wussten die Soldaten, dass sie es geschafft hatten. Bald würden sie wieder zuhause sein. Für sie war es „θαλαττα ...Thalatta", für die Troja-Krieger der Satz: „έσσεται ημαρ ... Einst wird kommen der Tag", und für uns der Löwenzahn – wir alle hofften auf bessere, künftige Tage.

Engel über Berlin: Zufall oder Fügung?

IM JAHRE 1987 wurde ein Film von Wim Wenders gezeigt, der den schönen Titel trug „Himmel über Berlin". Darin gab es zwei Engel, Daniel und Cassiel, die die Welt auf der Erde und in Berlin beobachteten. Ihnen war aber versagt, in das Leben der Menschen einzugreifen. Sie konnten den Menschen jedoch Mut geben, sodass sie das Leben besser bestehen konnten.

Mein Engel ging einen Schritt weiter, denn ihm war es erlaubt, in mein Leben einzugreifen, um mich vor dem Schlimmsten zu bewahren. Goethe hat in seinem Bildungsroman *Wilhelm Meister* eine Turmgesellschaft beschrieben, deren Mitglieder tatkräftig eingriffen, wenn ihr Zögling, eben dieser Wilhelm Meister, ihm schadende Handlungen begehen könnte. Ich glaube, dass ich ebenfalls eine solche Turmgesellschaft habe, denn mir wurde manchmal aus Situationen geholfen, die für mich äußerst gefährlich hätten sein können.

Ich weiß, dass eine Diskussion darüber die Geister scheidet. Die einen glauben an Fügung, die anderen an Zufall, und das hängt davon ab, ob die Menschen rechtshirnig oder linkshirnig sind. Das Gehirn besteht ja aus diesen zwei Hälften, die aber verschieden sind, sodass eine Seite dominieren kann, obwohl beide Hälften in den meisten Fällen zusammen arbeiten. Beide Hälften empfangen dieselbe Rohinformationen aus der Außenwelt, sind also vor der Interpretation neutral, werden aber anders interpretiert. Rechtshirnige Menschen neigen dazu, mitteilsam, erfinderisch und kreativ zu sein. Sie haben eine hohe Ausdrucksfähigkeit, sind intuitiv, und interpretieren die Welt als ein Ganzes. Sie lernen durch Beobachten. Sie sind synthetische Menschen. Linkshirnige Menschen dagegen sind logisch, detailorientiert, fertigen eine Liste von Dingen an, die noch zu erledigen sind, haben für alles eine Erklärung, und bringen Struktur in ihr Leben. Sie sind gut in der Technik, können vortrefflich mit dem Computer umgehen, und haben eine Neigung zum Finanzwesen. Sie sind hauptsächlich Analytiker.

Da rechtshirnige Menschen die Welt als ein Ganzes betrachten, schließen sie damit auch die Dinge ein, die wir zwar nicht sehen können, deren Effekte sie jedoch fühlen. Diese Menschen glauben an Fügung. Die Analytiker jedoch an Zufall, und ich kann mir sehr gut vorstellen, dass sie bei der Erklärung eines etwas außergewöhnlichen Vorgangs Papier und Bleistift nehmen und die Wahrscheinlichkeitsrechnung strapazieren, um zu beweisen, dass ein Ereignis durch Zufall oder einfach Glück bestimmt war. Im Folgenden gebe ich einige Beispiele aus meinem Leben und lasse die Leser entscheiden, ob es Zufall oder Fügung ist. Das betrifft nur die Erklärung der gelieferten Beispiele; die Fakten selbst sind so, wie ich sie erinnere, oder wie sie mir auch von anderen bestätigt worden sind.

Das erste Mal, dass die Turmgesellschaft in meinem gerade begonnenen Leben aktiv wurde, war gleich nach meiner Geburt. Ich war unehelich; der Vater, ein Jude, im Gefängnis, weil er Devisen in die Staaten hat überweisen lassen; meine Mutter arbeits- und mittellos, sodass sie kein Geld für sich oder für mich hatte – so fing mein Leben an. Meine Mutter wohnte in der Müllerstraße am Wedding in einer Kellerwohnung, und deshalb hatte sie es nicht weit bis zur Weidendammer Brücke, die sich über die Spree spannte. Als sie schon einen Fuß über das Geländer hatte, wurde sie von einem älteren Mann zurückgehalten. Er nahm sie mit nachhause und drei Monate später waren sie verheiratet. So wurde es mir berichtet, auch von dem Mann, der Vaterstelle an mir vertrat.

Auch später wurde die Weidendammer Brücke eine Brücke des Todes. Im April 1945, als ich das Hotel Continental verließ, wo ich als Kochlehrling arbeitete, um mit dem Fahrrad nachhause zu fahren, musste ich über die Weidendammer Brücke. Das war nicht ungefährlich, denn die russischen Doppeldecker warfen Bomben herunter. Es waren Zementbomben, ungefähr fünf Kilo schwer. Ein altes Ehepaar, das ich überholte, zog einen Plattenwagen mit den wenigen Kostbarkeiten, die sie retten wollten, über die Brücke. Genau in der Mitte der Brücke traf eine Bombe den Mann. Er war tot. Das geschah nur ungefähr einen Meter weit weg von mir. Ich sagte der Frau noch, dass sie sich in Sicherheit bringen sollte, denn der Gassagbunker, der in der Reinickendorfer Straße lag, und der als Zufluchtsort für die zivile Bevölkerung diente, war nicht allzu weit weg.

Später, als ich ungefähr sechs Jahre alt war, schickte mich meine Mutter zum Bäcker, um Schrippen zu kaufen. Ich tat, was sie mir aufgetragen hatte, und wollte die Schrippen nach Hause tragen. Ein Rudel von etwas älteren Jungen kam mir entgegen, und einer rief: „Jude Itzig, was trägst du da?". Ein anderer nahm mir die Tüte mit den Schrippen weg, guckte hinein und bemerkte dann: „Juden dürfen hier keine Schrippen essen. Schrippen sind Deutsch, du bist nicht Deutscher. Geh nachhause und esse Matze". Dann zerriss er die Tüte, die Schrippen fielen herunter, und ich weinte. Ein anderer sagte: „Ein deutscher Junge weint nicht, nur Judenmemmen weinen", und er schlug mir so heftig ins Gesicht, dass meine Nase blutete. Als meine Mutter mich sah, weinte sie auch, aber nicht lange. Sie nahm mich, und wir gingen zurück in die Bäckerei, wo ich mein Windbeutel mit Schlagsahne bekam. Ich bekam so viele Windbeutel mit Schlagsahne in meiner Jugend, dass ich glaubte, das sei ein Grundnahrungsmittel für mich gewesen. Es hätte schlimmer kommen können, aber meine Turmgesellschaft hatte mich wieder vor dem Schlimmsten bewahrt.

Ein anderes Mal stand ich dem Gott des Todes, Thanatos, näher als Eros, dem Gott der Liebe. Ich erinnere mich an diese Begebenheit ganz genau. Es war an einem schönen Samstagnachmittag, und ich ging mit meinem neuen Bleyle Matrosenanzug auf die Straße. Meine Mutter dachte, dass eine solche patriotische Bekleidung mich akzeptabler in der Nachbarschaft machen sollte. Das jedoch war nicht der Fall. Es dauerte nicht lange, und ich war Mittelpunkt eines Volksaufruhrs. Einige schrien: „Raus aus dem Anzug. Ein Jude soll sich nicht unterstehen, solch einen Anzug zu tragen". Die Lautstärke der Leute, die um mich standen, nahm zu. Ein paar hatten Kleinkalibergewehre bei sich, und sie legten auf mich an. Da ertönte eine laute Stimme von irgendwo her. Die Leute drehten sich um, ein SS-Offizier bahnte sich mit seinem Ellenbogen durch die Masse. Er stellte sich vor mich hin, nahm seinen Revolver und sagte mit befehlsgewohnter Stimme: „Wer jetzt einen Schritt weiter macht, und diesen Jungen hier verletzt, den erschieße ich. Wir kämpfen nicht gegen Kinder". Zur Bekräftigung des Gesagten nahm er seinen Revolver und schoss in die Luft. Die Menge zerstreute sich, und als er mir sagte, ich solle nach Hause gehen, gab ich ihm die Hand. Fügung oder Zufall?

Im Frühjahr 1945 näherte sich der Krieg dem Ende zu. Es gab keine Alarmankündigung mehr, wir hatten Daueralarm. Die Flugzeuge flogen auch sehr niedrig, denn die Flugabwehr in Berlin war fast zusammengebrochen. An einem Sonntagnachmittag gingen meine Mutter und ich auf die Straße, um eine Freundin meiner Mutter zu besuchen. Die Straßen waren trotz des Daueralarms belebt, denn die Leute versuchten, etwas zum Essen zu bekommen. Als wir den Nettelbeckplatz überquerten, rief ein Mann zu uns: „Deckung. Da ist ein Flugzeug im Anflug". Meine Mutter rannte los, um in den Schutz der Häuserwand zu kommen, aber ich blieb stehen, genau in der Mitte des Platzes, denn ich sah ein amerikanisches Jagdflugzeug genau so, wie ich es in der Wochenschau gesehen hatte. Ich fand es sehr aufregend. Mit einem Mal machte das Flugzeug ein Steilflug nach unten und schoss mit den Maschinengewehren, die unter beiden Flügeln angebracht waren. Die Geschosse prallten rechts und links von mir auf die Pflastersteine und spritzten nach außen ab. Meine Mutter rief und rief: „Gerd, komm sofort her, hörst du nicht?" Ich hörte sie wohl und versuchte auch, der Aufforderung meiner Mutter nachzukommen, aber ich konnte nicht. Meine Beine waren wie mit Zement in den Boden verankert, und ich konnte sie nicht einmal bewegen. Meine Mutter rief wieder, aber alles was kam, war das Flugzeug, das jetzt in einer Schleife zurückkehrte. Ich war der einzige in der Mitte dieses Platzes, bot also eine ausgezeichnete Zielscheibe für den Piloten. Wieder ratterten die Maschinengewehre los, die Geschosse spritzten nach außen ab, und ich stand da wie in Schillers Glocke: „Festgemauert in der Erden, steht die Form aus Lehm gebrannt". Ich wollte weglaufen, aber trotz aller meine Anstrengung konnte ich mich nicht bewegen. Ein Mann hatte mir später gesagt, wäre ich der Aufforderung meiner Mutter nachgekommen, so würde ich jetzt drei Meter unter der Erde liegen, und er führte mich hin zu den Geschosseinschlägen und zeigte mir, dass ich genau in der Mitte gestanden hatte. Einen Schritt nach rechts oder links wäre ein sicherer Tod gewesen.

Die Russen kämpften sich im April 1945 in bitteren Straßenkämpfen zur Stadtmitte vor, und die SS verteidigte die Innenstadt, indem sie sich hinter den Barrikaden verschanzte. Dieser Krieg wurde fast vor unserem Haus abgehalten. Wir hörten das Rattern der Maschinengewehre von beiden Seiten, und es schien, dass keine Partei am Boden gewann. Als eine Feuerpause eintrat, nahm ich zwei Eimer und ging damit zu einer Pumpe, die genau in der Mitte der feindlichen Parteien lag. Die Pumpe funktionierte noch, und ich pumpte beide Eimer voll. Ich ging zurück, und als ich die Hälfte des Weges zurückgelegt hatte, ging die Schießerei wieder los. Ich wusste nicht, worauf die Russen und die SS geschossen hatten, auf mich oder auf die Eimer. Später überlegte ich, wieso das kam. Ich glaube, die Erklärung liegt darin, dass die Russen das Lager der Spirituosenfabrik Mampe Halb und Halb entdeckt hatten und durch den Alkoholgenuss nicht mehr richtig zielen konnten. Sie zielten wahrscheinlich auf mich, trafen aber die Eimer. Dies ist eine Art des doppelten Sehens, die durch den Alkoholgenuss verursacht wird:

> Sind's die Augen, geh zu Mampe,
> gieβ' Dir eine auf die Lampe.
> kannste alles doppelt sehn,
> brauchste nich zu Runke [Optiker] gehn.

Die SS wollte wahrscheinlich nicht auf Kinder schießen. Wie dem auch sei, ich trug die Eimer nachhause, sie waren noch halb voll, meine Mutter fischte ein paar Kugeln aus dem Eimer, und wir hatten wieder Wasser, das ich mit unseren Nachbarn teilte. Mein Schutzengel war auch so im Kriegsgebiet tätig, was für ihn oder sie ungefährlicher war als für mich, denn körperlose Wesen kann man ja nicht durchlöchern.

Am 1. Mai kamen die russischen Soldaten in unseren Luftschutzkeller und suchten nach Soldaten oder Nazis, die sich hier vielleicht versteckt hatten. Das war nicht der Fall; das einzige Opfer war mein Wellensittich Peter. Meine Mutter hatte ihm beigebracht, dass er Heil Hitler sagen sollte, wenn einer in Uniform zu uns kam; sie tat es, um mich zu schützen. Das arme Tier kannte allerdings nicht den Unterschied zwischen den deutschen und russischen Uniformen, und als Peter die Russen sah, quatschte er gleich lautstark los mit dem Hitler Gruß. Der Russe war verblüfft; er wusste, dass viele Deutsche Nazis waren, aber auch die Vögel? Er machte den Vogelbauer auf, Peter wollte zu mir fliegen, und der Offizier zerfetzte ihn mit einer Salve aus dem Trommelgewehr.

Ein älterer Offizier schaute mich an und nahm mich bei der Hand. Er führte mich in einen der ausgeräumten Keller, in dem ein altes Sofa stand. Er legte sich auf das Sofa, gab mir ein Glas mit Wodka und eine Zigarre. Ich hätte nie vorher getrunken oder geraucht, und mir wurde übel. Dann sagte er: „Hitler kaputt". Er nahm meine Hand, und ich musste ihm sein Bauch streicheln, was ihm anscheinend gefiel. Mit einem Mal hörten wir einige Explosionen am Kellereingang. Ich setzte meinen Helm auf und wollte die Treppe nach oben rennen. Der Russe hielt mich zurück, und als er auf der obersten Treppe war, explodierte eine Rakete aus dem Minenwerfer direkt vor ihm, riss ihm die Brust auf, und er fiel nach hinten. Hätte er mich nicht zurückgehalten, wäre es um mich geschehen. Fügung oder Zufall? Später, als ich noch einmal an diese Episode in meinem Leben dachte, kam mir zu Bewusstsein, was der Russe eigentlich mit mir vorhatte. Ich nehme stark an, dass er sich an mir vergreifen wollte. Später hörten wir immer, dass viele Frauen vergewaltigt wurden, aber dass das an Kindern geschah, war Tabu.

In dieser Zeit hatte mein Schutzengel viel zu tun. Er griff jedoch immer wieder dann ein, wenn es brenzlig wurde. Eine seiner Heldentaten, die ich bis heute nicht verstehen kann, geschah während meines Abiturs im Jahre 1950. Dazu muss gesagt werden, dass ich viele Klassen versäumt hatte, denn alle zwei Wochen ging ich zwei oder drei Tage auf Hamsterfahrt, um Kartoffeln aus der Umgebung für meine Familie zu ergattern. Ich verkaufte dann die Hälfte auf dem Schwarzmarkt, um mit dem Geld wieder hamstern fahren zu können. Einmal hatte ich Glück und fand eine Stange amerikanischer Zigaretten, die jemand bei einer Razzia weggeworfen hatte, und so hatte ich ein gutes Tauschobjekt. Ich wurde ein Experte im Tauschgeschäft: vier Brote ergaben hundert Pfund Kartoffeln; eine Perlenhalskette ein Pfund Butter, und eine amerikanische Zigarette konnte ich für zehn Mark verkaufen. Das Fazit war, dass ich wegen des Hamsterns dann die Klassen vermisste, darunter auch die Mathematikstunden. Sie wurde von einem Lehrer unterrichtet, der mich überhaupt nicht leiden konnte, und das war gegenseitig.

Als es zur Versetzung von der zwölften in die dreizehnte Klasse kam, gab er mir als Vorzensur in der Mathematik eine Fünf und bedeutete mir, dass sei mein Ende, wenn ich es nicht in der Prüfung auf eine Drei, oder befriedigend, schaffe. Er hatte jedoch seine Rechnung ohne meinen Schutzengel gemacht, der sofort eingriff. Zuhause erzählte ich meiner Mutter diese Warnung. Meine Mutter war eine sehr tatkräftige Frau, und ihr ganzes Leben ging darum, mich zu schützen und etwas aus mir zu machen. Sie ging zu unserem Nachbarn, von dem sie wusste, dass er ein Mathematiklehrer gewesen war. Gewesen war ist richtig, denn er war ein kleiner Nazi, ein so genannter Mitläufer, und er durfte nicht mehr Mathematik unterrichten. So spezialisierte er sich auf Religion und wurde Religionslehrer. Meine Mutter sagte ihm, was für mich auf dem Spiel stand und bat ihn, mir Nachhilfeunterricht im Mathematikfach zu geben.

Das tat er auch. Er nahm ein blaues Büchlein von seinem Regal, das auf der Titelseite das Hakenkreuz zeigte. Es enthielt über hundert Rechenaufgaben. Er sagte mir, dass im Dritten Reich jeder Mathematiklehrer einige auswählte und an die zuständige Behörde schickte. Diese Behörde wählte dann drei davon aus, und sie wurden in einem blauen versiegelten Umschlag im Prüfungszimmer direkt dem Lehrer übergeben. Mein Tutor wählte zwei Aufgaben aus: eine, die Kalkulus und Integrationsrechnung enthielt, und eine auf dem Gebiet der analytischen Geometrie. Wir arbeiteten stundenlang über diese Problemfelder, bis ich sie vollkommen begriffen hatte. Am nächsten Tag ging ich wieder zu ihm, und wir wiederholten den Lösungsweg für beide Aufgaben.

Zwei Tage später kam der Tag der Prüfung. Sie war um 9:00 Uhr in der Früh angesetzt, und wir hatten drei Stunden Zeit, die Aufgaben zu lösen. Wir alle, der Lehrer mit eingeschlossen, warteten auf die Zustellung des blauen Briefes, der die Aufgaben enthielt. Er kam, der Lehrer öffnete den Umschlag und entnahm ihm die Aufgaben. Es waren drei, von denen die Kandidaten sich zwei auswählen durften. Als ich den Zettel mit den Aufgaben bekam und sie mir anschaute, traute ich meinen Augen kaum. Er enthielt genau diese zwei Aufgaben, die ich erst vor einigen Tagen mit meinem Tutor behandelt hatte – haargenau dieselben. Ich brauchte nicht drei Stunden, um sie zu lösen. Nach ungefähr zwei Stunden stand ich auf und übergab dem Lehrer, der an seinem Tisch saß, das Heft mit meinen Lösungen. Dieser schaute mich verwundert an, und ich wusste in dem

Augenblick genau, was er dachte – dieser Kandidat gibt auf! Und das habe ich schon immer gewusst! Na also!

Ich ging dann nachhause und erzählte meiner Mutter, was passiert war. Sie nahm mich dann bei der Hand, und wir beide gingen in die Konditorei, wo sie mir einen Windbeutel mit Schlagsahne spendierte. Dies war dann das erste Mal, dass ich mein Lieblingsgebäck bekam, ohne mich trösten zu wollen. Als ich später meinen Tutor fragte, wie das hätte passieren können, lachte er nur und sagte mir: „Gerd, dein Lehrer hat genau dasselbe Heft wie ich, und er hatte es sich einfach gemacht, die Aufgaben auszuwählen. Und vielleicht ist er ja auch ein Mitläufer gewesen – wer weiß. Aber wieso es dazu gekommen ist, dass er gerade diese zwei Aufgaben gewählt hat, ist mir ein Rätsel. Solche Zufälle gibt es im wirklichen Leben sehr, sehr selten, und die Wahrscheinlichkeit, dass das geschieht, ist fast Null“. Ich sagte ihm nicht, was ich davon hielt. Es war kein Zufall, es war das Werk meines Schutzengels.

Als in der folgenden Woche das Resultat der Prüfung bekannt wurde, ließ mich mein Mathematiklehrer in sein Büro kommen. Er hielt mein blaues Heft in der Hand und sagte mir: „Herr Schneider, das ist die beste Prüfung der Klasse. Ich weiß nicht, wie Sie es geschafft haben, denn viele andere sind bedeutend besser als Sie. Haben Sie irgendwelche Hilfe bei der Lösung dieser Aufgaben erhalten?“. Ich erwiderte, dass das unmöglich war, denn ich wusste ja nicht, welche Aufgaben wir lösen mussten, und der Brief wurde erst im Prüfungszimmer aufgemacht. Er schaute mich misstrauisch an und sagte mir, dass dies das erste Mal in seinem Leben passiert sei, dass jemand mit einer Fünf in der Vorzensur eine Eins in der Prüfung erhalten habe. Aber dann fuhr er fort: „Glauben Sie nicht, dass Sie eine Eins, oder auch eine Zwei auf dem Abschlusszeugnis erhalten. Ich gebe Ihnen eine Drei, oder ein befriedigend, und dann werde ich Sie nicht in der Mathematik mündlich prüfen. Sollten Sie das nicht annehmen, so prüfe ich Sie mündlich in der Mathematik, und Sie fallen durch. Also?“. Ich brauchte nicht lange zu überlegen, und erwiderte ihm, dass ich mit einem befriedigend durchaus einverstanden sei.

Bevor ich ging, ließ er mich noch wissen, dass ich in einem Fach mündlich geprüft werde. Er sagte nicht, in welchem, aber ich wusste, da er Physik unterrichtete, dass es genau dieses Fach sein werde, in dem ich nicht besonders stark war. Meine Stärke lag in den Fremdsprachen, im Griechischen, in Latein, Russisch und Englisch. Später lernte ich, dass ich extrem rechtshirnig veranlagt bin, und das ist auch vielleicht eine Erklärung für meine Schwächen in den Naturwissenschaften.

Der Tag der Prüfungen nahte heran. Meine Mutter war aufgeregter als ich, machte mir ein gutes Frühstück und ließ mich gehen. Ich nahm mein Physikbuch mit, wahrscheinlich aus demselben Grunde, weshalb Gehbehinderte einen Krückstock brauchen. Prüfungsbeginn war wiederum um 9:00 Uhr festgesetzt, aber ich fand mich schon um 7:00 Uhr ein, denn ich wollte noch einige Kapitel in meinem Buch lesen. Das Problem allerdings war, dass das Buch über vierundzwanzig Kapitel enthielt, und ich wusste nicht, über welches Kapitel ich geprüft wurde. Dann griff mein Schutzengel wiederum ein. Gegen 7:30 Uhr kam der Pedell der Schule mit einem kleinen Wagen, auf dem einige verdeckte Geräte lagen. Er wollte sie zum Prüfungszimmer fahren, musste aber feststellen, dass er den Schlüssel zum Zimmer in seinem Büro hatte liegen lassen. Er bat mich, auf den kleinen Karren aufzupassen, und als er gegangen war, um den Schlüssel zu holen, lüftete ich die Decke und sah zwei Geräte: Das eine war ein Galvanometer, das andere eine Röntgenröhre. Mit einem Schlag verringerte sich die Anzahl der vierundzwanzig Kapitel auf zwei Kapitel. Da ich noch über eine Stunde Zeit hatte, las ich beide sehr genau durch.

Um 8:45 Uhr durften wir in den Prüfungssaal, und das „wir" schloss ebenfalls die Unterprima mit ein, die dieses Jahr Zeuge dieser Prüfung sein würde. Ich weiß nicht, ob das eine gute Methode ist, denn für einige ist es doch ein Albtraum, wenn sie sehen, was sie erwartet. Außer dem Lehrerprüfungskollegium saß auch der russische Stadtkommandant am Prüfungstisch. Punkt 9:00 Uhr wurde der erste Kandidat geprüft. Er hatte genau fünfzehn Minuten Zeit gehabt, sich auf die Beantwortung der ersten Frage vorzubereiten.

Ich war der zweite Kandidat. Der Mathematiklehrer überreichte mir die Röntgenröhre, die ich ja schon vorher gesehen hatte, und als ich sie nahm, bemerkte er lautstark: „Seien Sie vorsichtig damit, und lassen Sie sie nicht fallen, wie es Ihnen ja schon oft passiert ist". Diese Bemerkung setzte den Ton für das Kommende. Ich setzte mich an den Tisch, schaute die

Röntgenröhre von allen Seiten an, machte ein paar Notizen. Dann kam die erste Frage: „Können Sie beschreiben, was das ist?“. Das war mein großer Auftritt! Ich hatte sie alle in der Hand! Und ich spielte sie aus! Ich druckste herum und sah schon die unterdrückte Freude auf dem Gesicht des Lehrers, der glaubte, mich jetzt in die Enge getrieben zu haben. Nach einer Verlegenheitspause von zwei Minuten schaute ich ihn an und bemerkte, dass das wohl eine Röntgenröhre sei. Ich sprach langsam, denn es war allgemein bekannt, dass dieser Mann auch cholerisch veranlagt war, der seine Fragen schnell beantwortet haben wollte.

Die nächste Frage kam auch zugleich: „Beschreiben Sie sie“. Ich überlegte, auf jeden Fall länger, als er erwartet hatte. Er wurde rot im Gesicht und wiederholte lautstark seine Frage. Und dann legte ich los, beschrieb den Weg von den beschleunigten Elektronen aus der Kathode zu der Anode, wobei sich das alles in einem Vakuum in einer Glasröhre abspielte, eben dieser Glasröhre, die vor mir lag. Dann sprach ich über den Anwendungsbereich der Röntgenröhre auf dem Gebiet der Medizin, um Knochenbrüche festzustellen, und über den Schöpfer dieser Röhre Wilhelm Röntgen. Mein Lehrer wurde zunehmend unruhiger und fragte mich, ob das der einzige Anwendungsbereich einer solchen Röhre sei. Ich verneinte und erwähnte, dass Röntgenstrahlen auch auf dem Gebiet der Werkstoffprüfung angewandt werden. So zum Beispiel bei der Herstellung der deutschen Panzerplatten, um Luftblasen im Innern festzustellen, sodass bei ihrem Einsatz an der Ostfront kein Unglück passierte. Ich hatte das mit Absicht gesagt, denn der russische Offizier hörte genau zu. Der Kopf meines Lehrers nahm an Röte zu, und er wechselte das Thema.

Er fragte mich nach den zwei Grundsätzen der Thermodynamik. Ich kannte den ersten Grundsatz, den Erhaltungssatz der Energie, dass Energie nicht verloren gehen kann, sondern in Wärme umgewandelt wird. Als ich nach dem zweiten gefragt wurde, versagte ich. In dem Moment griff mein Schutzengel wieder ein, und zwar in Gestalt des russischen Kommandanten. Dieser hatte schon lange bemerkt, dass hier eine Art Grauzone zwischen Lehrer und Schüler bestand. Er übernahm die Prüfung und fragte mich, warum ich in meinem Lebenslauf den Wunsch ausgedrückt hatte, Koch zu werden. Ich sagte ihm, dass ich schon einige Wochen als Kochlehrling tätig war, und dass mir diese Arbeit Spaß gemacht habe. Dann fragte er mich in einem sehr guten Deutsch: „Nehmen wir an, Sie möchten eine Suppe kosten. Diese Suppe ist aber zu heiß. Was machen Sie?“. Ich erwiderte: „Ich nehme eine Kostprobe mit dem Schöpferlöffel aus dem Topf heraus und puste den Dampf weg, sodass sich neuer Dampf bilden kann. Dadurch verliert die Suppe an Wärme “. Der Russe nickte mit dem Kopf und bedeutete mir dann, diesen Vorgang physikalisch zu erklären. Das war recht einfach. Er stellte noch einige andere Fragen, die ich ebenfalls beantworten konnte. Der Russe war ein ausgezeichneter Pädagoge, und als ich später Prüfungen abnahm, dachte ich an seine humane Art und Weise.

Ich bestand die Prüfung, und ich erhielt mein Abiturzeugnis mit der Gesamtnote zwei, denn meine Leistungen in den Geisteswissenschaften glichen meine nicht so guten Leistungen in Naturwissenschaften vollkommen aus. Als ich nachhause kam und dies meiner Mutter berichtete, zog sie sich gut an, und wir beide gingen in unsere Konditorei, wo sie mir wieder einen Windbeutel mit Schlagsahne kaufte, aber diesmal hatte der Windbeutel zusätzlich eine Schokoladenglasur.

Die Frage, ob alles Zufall oder Fügung gewesen ist, kann ich für mich beantworten – ohne meinen Schutzengel hätte ich es nie geschafft. Die beschriebenen Ereignisse sind nicht zufällig für mich, denn der Begriff Zufall setzt etwas Willkürliches voraus. Ich glaube, es war Fügung, und dieser Glaube gibt meinem Leben einen höheren Sinn. Er gibt mir auch eine innere Stärke und ein inneres Selbstvertrauen, eine Zuversicht, dass ich trotz allem, was mir passiert ist, nicht untergehe. Bis 1945 wurde mir gesagt, dass ich minderwertig sei, dass Deutsch eine Frendsprache für mich sei, und ich hatte kein Selbstvertrauen in und zu mir. Jetzt hatte ich den Glauben an mich selbst gefunden. Und dieser unerschütterliche Glaube ist vielleicht ein metaphysischer Hauptsatz der Energie, aber einer Energie, die in keinem Physikbuch zu finden ist.

Homo sum: humani nil a me alienum puto. Oder: Menschen im Hotel

DIESE SENTENZ VON Terenz im 2. Jahrhundert vor Christo, die ein geflügeltes Wort geworden ist, bedeutetet auf Deutsch: Ich bin ein Mensch. Nichts Menschliches, denk ich, ist mir fremd. Diese Feststellung, die jetzt über zwei Tausend Jahre alt ist, ist heute genau so wahr wie damals. Und die beste Methode, dies zu beweisen, ist im Hotel. Im Hotel benehmen sich Menschen so, wie sie sind, und sie brauchen keine Angst zu haben, dass jemand über sie, oder sogar zu ihnen, sagt: „So etwas tut man nicht".

Mein Leben war eine lange Zeit mit dem Hotel verbunden. Um das zu verstehen, ist es nötig,, ein paar Jahre zurückzugehen. Am 1. April 1945 erreichte ich das vierzehnte Lebensjahr. Um 9:00 Uhr in der Früh an diesem Tag kam ein SA-Mann und übergab mir ein Schreiben, in dem ich aufgefordert wurde, mir eine Lehrstelle zu suchen, sonst würde ich zu einer besonderen Verwendung abgeholt. Was das für eine Verwendung war, konnten meine Mutter und ich nur ahnen. Ich ging zum Berufsamt und wollte einen Eignungstest ablegen. Das war nicht nötig, wie mir gesagt wurde, denn Juden denken alleweil nur an Geld, und deshalb sollte ich eine kaufmännische Lehre beginnen. Ich hatte Glück, gleich eine nicht weit von uns in dem großen Farbengeschäft Decken zu finden. Vier Stunden später allerdings erhielt ich den Bescheid, dass dieser Betrieb nur arische Mitarbeiter einstelle, und ich war wieder draußen. Die Zeit war der 1. April 1945, fünf Wochen vor Ende des Krieges. Mit Hilfe von Frau Hedda Adlon wurde ich als Kochlehrling im Hotel Continental an der Friedrichstraße eingestellt. Das Kochen dort war nicht einfach, denn die Russen schossen mit ihrer Stalinorgel in Richtung Reichskanzlei, die nicht allzu weit von uns entfernt lag. Wir mussten die großen Kochtöpfe abdecken, damit kein Kalk oder Feinstaub in die Speisen fiel. In diesem Hotel erhielt ich auch einen ersten Einblick in die Gefährlichkeit des Kellnerberufs.

Am 20. April schossen die Russen ununterbrochen, denn das war Hitlers Geburtstag, und die Russen beeilten sich, ihre Geschenke per Luftpost an die richtige Adresse zu schicken. An diesem Tag kam ein Kellnerlehrling in die Küche; er trug ein Tablett in der Hand, das mit einer großen Serviette bedeckt war. Er überreichte mir das Tablett, ich lüftete die Serviette und sah eine kleine Rakete auf dem Tablett legen. Angst hatte ich keine, und ich fragte den Jungen, was das zu bedeuten habe, und er erzählte es mir.

Die SS feierten die letzten Tage des Tausendjährigen Reiches in Saus und Braus in dem großen Speisesaal des Hotels. Viele Offiziere saßen um einen runden Tisch, an dem nur einige Stühle unbesetzt waren. Die Rakete, höchstwahrscheinlich aus einer Stalinorgel abgeschossen, landete durch das Fenster in einen dieser unbesetzten Sessel, drehte sich, und explodierte nicht. Da rief ein SS-Standartenführer diskret den Maître d'hôtel zu sich und bedeutete ihm, diese Rakete aus dem Sessel zu entfernen. Dieser gab den Befehl weiter an den Chef de Rang und dieser an den Demi Chef de Rang. Als nächster wurde der Commis de Rang beauftragt. Vorgenommen wurde die Raketenentfernung von dem Azubi, dem Kellnerlehrling, der untersten Sprosse in der Hierarchie des Serviceteams. Dieser zog die Rakete aus dem Sessel und wollte damit aus dem Speisesaal rennen. Da hörte er den Maître d'hôtel hinter sich, der ihm in einer Ecke das *comme il faut* eines Kellners beibrachte: „Zur Etikette eines guten Kellners gehört es erstens, dass er nie im Speisesaal rennt. Er muss zwar schnell gehen, aber er darf nie rennen. Und zweitens darf er die Gäste nicht erschrecken. Mit einem Blindgänger aus dem Restaurant zu rennen zeugt von einer schlechten Etikette. Man nimmt ein Silbertablett, wickelt die Rakete ein, damit sie auf dem Tablett nicht hin und her rutscht, und bedeckt das Ganze mit einer anderen Serviette. Und man muss aufpassen, dass es eine frische Serviette ist, also keine, die schon gebraucht wurde. Hier hast du ein Tablett und tue, was ich dir gesagt habe". Der Lehrlehrling gehorchte, denn Ordnung muss sein, auch in einem Restaurant im Kriegszustand, und er machte sich auf dem Weg nach draußen, die ihn durch die Küche führte. Es war ihm nicht ganz wohl dabei, denn sein Gesicht sah recht käsig aus, aber er tat das, was ihm aufgetragen war und deponierte die Rakete pflichtgemäß auf die Trümmer des Nebenhauses. Dann kehrte er wieder erleichtert zurück und bediente die Gäste weiter. Das war mein erster Einblick in das, was zu einer guten Kellnerausbildung gehört.

Nach dem Abitur im Jahre 1950 und einem Jahr als Notstandsarbeiter im Straßenbau, begann ich meine Lehre als Kellnerlehrling im Hotel am Zoo. Für das Folgende sollte man wissen, dass es damals in Berlin nur wenige Hotels gab. Das Hotel am Zoo war nicht nur eines der ersten Häuser am Platze, es war das erste Haus. Erbaut im Jahre 1890, hatte es eine gute Lage am Kurfürstendamm direkt neben dem Café Kranzler und der Filmbühne Wien, und es hatte eine ausgezeichnete Küche. Ich hatte Glück, dass mich das Hotel einstellte, denn jeder Bewerber wurde über eine Stunde lang von Dr. Koehler, dem Besitzer des Hotels, interviewt. Der Lehrlingsvertrag wurde unterschrieben, meine Mutter stellte die Arbeitskleidung, und im Herbst des Jahres 1951 fing ich an.

In den ersten sechs Monaten durften die Azubis jedoch nicht ins Restaurant, sondern unser Platz war in dem Weinzimmer neben dem Speisesaal, wo wir Tausende von Gläsern waschen mussten. Im zweiten Lehrjahr durften wir einige Gäste bedienen, aber nur unter Aufsicht des Oberkellners. Meine große Chance kam, als der Rotary Club zu einem Mittagessen im Hotel zusammenkam. Dieser Club, der unter anderem Toleranz gegenüber allen Völkern ausübt und demokratische Organisationen unterstützt, hat edle Ziele, spendet aber wenig Trinkgeld. Das war wahrscheinlich auch der Grund, dass der Oberkellner mir den Auftrag gegeben hatte, diese ungefähr fünfundzwanzig Teilnehmer zu bedienen. Ich deckte den Tisch, die Gäste kamen, und ich begann zu servieren. Es gab ein billiges Menü: Spiegeleier mit Spinat und Röstkartoffeln, ein typisches Berliner Alltagsgericht. Typisch ja, aber schwierig zu servieren. Man muss mit einer gespreizten Gabel und einem Löffel unter die zwei zusammenhängenden Spiegeleier fahren, und sie dann geschickt von der Platte auf den Teller bugsieren. Das hört sich leicht an, ist aber voller Tücken. Erstens hielt ich die Platte zu hoch, und zweitens spreizte ich das Vorlegebesteck zu sehr, so dass die fettigen Spiegeleier hindurchglitschten, genau auf den linken Schuh des Ehrengastes. Das Eigelb brach und sickerte durch die Schuhösen zuerst auf die Socke, dann auf die nackte Haut. Ich war verdutzt, servierte ihm aber dann sein Gericht richtig, dann all die anderen. Ich hatte Glück, denn statt der fünfundzwanzig Gäste waren nur vierundzwanzig gekommen, sodass die Spiegeleier ausreichten.

Der Ehrengast und Festredner war Ernst Reuter, der beliebte Oberbürgermeister von Westberlin. Er schaute mich erstaunt an und sagte dann: „Na, wie geht's jetzt weiter?". Ich überlegte nicht lang, kroch unter den Tisch, löste den Schnürsenkel, zog zuerst den Schuh aus und dann die Socke. Beide waren voller Eigelb. Ich wusch beide in unserer kleinen Küche aus, trocknete sie mit einem Haartrockner, den mir ein Zimmermädchen freundlicherweise zur Verfügung gestellt hatte, und lief wieder zurück in den Speisesaal. Dort hatte gerade Ernst Reuter mit seiner Festrede angefangen, und wie es mein Glück wollte, stand er nicht, sondern er saß auf seinem Stuhl. Ich bückte mich wieder, kroch unter den Tisch, zog ihm die Socke an, dann den Schuh, knüpfte den Schnürsenkel wieder zusammen, alles das, während er seine Rede hielt. Als er ging, kam er auf mich zu, schaute mich an und sagte dann: „Gut gemacht, junger Mann. Sie haben die Situation gut gemeistert. Manchmal geht es nicht so, wie man will, aber man darf nicht aufgeben, und versuchen, die Situation zu retten. Das haben sie auch getan. Hier, das es für Sie". Er gab mir ein Zweimarkstück; das war mehr, als mir all die anderen gaben. Bevor er ging, hatte ich allerdings noch eine Frage: „Herr Oberbürgermeister, ich möchte Sie nur darauf aufmerksam machen, dass Ihr Schuh ein Loch in der Sohle hat. Sie, als Stadtrat und Vorsitzender der Berliner Verkehrs Betriebe, brauchen doch nicht zu laufen. Sie können doch sogar umsonst fahren". Er lächelte und sagte dann nur: „Laufen ist gesund". Er lief allerdings nicht mehr lange, denn er starb im folgenden Jahr, im Jahr 1953. Dieser Mann hatte einen lang anhaltenden Eindruck auf mich gemacht. Jedes Mal, wenn ich laufe, obwohl ich fahren kann, muss ich an seine Worte denken. Und Spiegeleier mit Spinat gehört mit zu meinen Lieblingsessen.

In einem guten Hotel gibt es bestimmte Öffnungszeiten für den Speisesaal, zum Frühstück, Mittagessen und Dinner. Das gilt aber nur für den Speisesaal, denn die Hotelgäste können auch auf ihrem Zimmer essen, wo sie vom Etagenkellner bedient werden. Die Ausbildung zum Etagenkellner war in der Gesamtausbildung als Kellner mit eingeschlossen.

Man musste lernen, das Tablett, oder den „Schlitten", gut zu packen, denn wenn man etwas vergaß, musste man wieder mit dem Fahrstuhl zur Essensausgabe hinunterfahren; das braucht Zeit, und das Essen wird kalt.

Als ich in meinem zweiten Lehrjahr Etagendienst hatte, leuchtete eine Zimmernummer in dem Kellerbüro auf. Ich ging hinauf, klopfte an die Tür und trat ein. Ein etwas älterer Mann saß an einem Schreibtisch, auf dem ein großer Bauplan ausgebreitet war. Ich gab dem Mann die Speisekarte, er schaute sie an, dann blickt er auf und fragte mich: „Jude?". Ich erwiderte ihm, dass es nur zur Hälfte stimmte. Dann sagte er, dass er sich dafür interessiere, was mit den Halbjuden in Berlin während der Nazizeit geschehen sei. Ich erzählte ihm allerlei, darunter auch, dass die Anwohner von meinem Kiez meine Mutter fast umgebracht hätten, sie als Judensau titulierten, und auch mich nicht besonders in ihrem Kiez duldeten. Er fragte mich dann: „Wissen Sie, wie ich heiße?". Ich verneinte, und er erwähnte seinen Namen als Tietz. Dann fragte er weiter, ob mir der Name Tietz bekannt sei. Als ich verneinte, meinte er: „Aber der Namen Hertie ist Ihnen doch ein Begriff?". Ich dachte, dass das eine sehr dumme Frage gewesen sei, denn wer in Berlin kannte Hertie nicht.

Dieser Mann erzählte mir dann das Schicksal der Hertie Warenhäuser, von ihrer Arisierung, von seiner Auswanderung in die Staaten, und dass er jetzt amerikanischer Staatsbürger sei. Er sei aber nun wieder für kurze Zeit zurückgekehrt, denn sein Team arbeite an dem Wiederaufbau der Hertie-Warenhäuser, und das erklärte auch den Bauplan, der auf dem Schreibtisch lag. Dann gab er mir den Rat, nach beendeter Lehre in die Staaten auszuwandern, wo es bessere Aufstiegsmöglichkeiten gebe als in Deutschland: „Wenn Sie drüben hart arbeiten und Ihr Geld sparen, dann könnten Sie in nicht so langer Zeit Ihr eigenes Hotel haben. Oder Sie satteln um, studieren, werden vielleicht Jurist oder Akademiker. Was ich Ihnen sagen möchte, ist, dass Sie drüben mehr Chancen haben als hier in diesem Lande, wo man für alles Papiere braucht. Aber machen Sie hier erst ihre Lehre fertig, dann haben Sie etwas in der Hand. Und nun noch etwas. Ich möchte eine Aufschnittplatte bestellen, mit Lachs, Roastbeef und diversen Käsen. Bestellen Sie diese Platte für zwei, denn ich lade Sie ein, mit mir als Gast zu speisen. Sie müssen schnell essen, denn sonst denkt der Oberkellner, dass Sie verloren gegangen sind. Und bringen Sie eine große Flasche Apollinaris, denn Alkohol dürfen und sollen Sie nicht trinken, und für mich ist es noch zu früh. Wissen Sie, warum ich Sie eingeladen habe? Erstens interessiert mich Ihr Schicksal, aber dann gibt es noch etwas anderes. Ich hätte hier für Ihr Essen bezahlen können, und Sie hätten es auf Ihrer Station Zu sich genommen. Aber ich traue dem Oberkellner nicht über den Weg. Er hätte es Ihnen weggenommen und selbst gegessen. Glauben Sie mir, ich kenne die Menschen; ich habe da so meine Erfahrungen gemacht. Ich teile die Menschen in drei Gruppen ein: In So'ne, in Solche und die Anderen. Und diese sind die Schlimmsten". Ich glaube, er hatte schlechte Erfahrungen mit Oberkellnern gemacht. Ich gab die Bestellung auf und brachte sie auf sein Zimmer; wir beide tafelten, bis nichts mehr auf der Platte übriggeblieben war. Später dachte ich, dass er der erste Jude gewesen ist, den ich persönlich kennengelernt hatte. Ich weiß nicht, ob ich mich später von seinem Hinweisen hatte leiten lassen, in die Staaten auszuwandern, aber ich tat es, und alles passierte, was er gesagt hatte. Ich arbeitete zuerst als Kellner, wechselte dann um, studierte und wurde Akademiker. Ich bereue diese Wahl nicht im Geringsten.

Das Hotel am Zoo war begehrt als Konferenzzentrum für politische Ereignisse. Dazu gehörte auch die Viererkonferenz vom 25. Januar bis 18. Februar 1954. Die Tagungsorte waren zwar die sowjetische Botschaft Unter den Linden in Ost-Berlin und das Gebäude des Alliierten Kontrollrats; die internationale Presse jedoch holte sich die Neuigkeiten im Hotel. Dort wurde ich mit der hohen Politik vertraut, denn ich passte genau auf, was auf der Pressekonferenz gesagt wurde.

Kulinarisch interessanter waren die Damen-Modeschau-Veranstaltungen, die zweimal im Jahr liefen, und die die Haute Couture der führenden, renommierten Modehäuser zur Schau stellten. Dies geschah immer am Nachmittag, zu Kaffee und Kuchen, und wenn Udo Jürgens singt: „Aber bitte mit Sahne", so musste er wahrscheinlich ebenfalls an diesen Vorführungen teilgenommen haben. Ich bediente auch die Mannequins, allerdings nicht mit Torten und Schlagsahne, sondern mit Diätkost.

Meine Lieblingsveranstaltungen waren jedoch die Filmfestspiele. Berlin war der große Magnet, der Filmschauspieler, Filmspielerinnen,

Regisseure, Künstler und Künstlerinnen nicht nur aus Deutschland, sondern aus der ganzen Welt anlockte. Und wenn sie nach Berlin kamen, so stiegen sie im Hotel am Zoo ab. Ich sah sie und sprach mit denjenigen, die ich bis dahin nur auf der Leinwand bewundert hatte. Zu den Gästen zählten zum Beispiel Jan Kiepura und seine Frau Martha Eggers; Attila Hoerbiger und seine Frau Paula Wessely; Gina Lollobrigida; Sophia Loren; Wolf-Albach Retty, seine Frau Magda Schneider und ihre Tochter Romy Schneider, die unvergessliche Sissi; und viele andere.

Besonderen Eindruck machte auf mich der französische Mime Jean-Louis Barrault, dessen Film *Les Enfants du Paradis* ich einige Male gesehen hatte. Er saß allein an seinem Tisch, und er bestellte sein Frühstück mimisch. Er zeichnete ein Hörnchen in die Luft, also ein croissant, zeigte dann auf die Kaffeetasse und machte Handbewegungen, als ob er eine Kuh melke, also Café au Lait. Da ich auch an der Bar im Getränkemixen von dem Meistermixer Kadach, der sein eigenes Fernsehprogramm hatte, ausgebildet wurde, gab es Möglichkeiten, mit Hildegard Knef zu sprechen. Ich tat das auch auf berlinisch, denn Hildchen Knef, wie sie in Berlin genannt wurde, konnte sehr gut berlinern. Sie sagte später von sich: „Ich bin in Berlin aufgewachsen und trage seine Spuren mit mir herum“. Nur mit Hans Moser konnte ich mich nicht anfreunden, denn erstens nuschelte er, so dass ich Schwierigkeiten hatte, ihn zu verstehen, und dann argumentierte er immer, wenn es an das Zahlen für seine genossenen Pilsnerbiere kam.

Mein Aha-Erlebnis kam an einem Samstagnachmittag. Das Hotel hatte einen großen Speisesaal, der durch eine Schiebetür von einem kleineren Speisesaal abgetrennt war. Da der große Speisesaal in den Nachmittagstunden geschlossen war, konnten Gäste in dem kleineren Saal etwas zu sich nehmen. An diesem Nachmittag war nur ein Tisch am Fenster besetzt, und zwar von einer Frau, die ein Manuskript studierte. Ich ging hin und erkannte sie – es war Maria Schell. Ich fragte sie nach ihren Wünschen und sie antwortete mir: „Herr Ober, ich habe nur einen kleinen Hunger. Was können Sie empfehlen?“. Zuerst war ich sehr stolz, dass sie mich mit Herr Ober tituliert hatte, denn ich war ja nur ein Azubi. Und dann wurde ich gefragt, was ich empfehlen könnte. Ich hatte in der letzten Zeit einmal von einem köstlichen Gericht gekostet, gebackenem Kalbshirn mit Remouladensauce. Diese Empfehlung kam schnell und enthusiastisch über meine Lippen. Sie nickte ihre Zustimmung, und ich bestellte es. Als ich ihr das Gericht servierte, oder besser servieren wollte, lächelte sie und sagte mir: „Herr Ober, der kleine Hunger ist jetzt vorübergegangen. Nehmen Sie das Gericht doch bitte wieder zurück. Ich zahle natürlich dafür". Ich tat, wie sie es mir aufgetragen hatte, gab es aber nicht der Küche zurück, sondern nahm Messer und Gabel, setzte mich an meinen Tisch und aß alles sehr schnell auf. Es schmeckte vorzüglich, denn ein solches Gericht konnte meine Mutter nicht machen, und außerdem war ich sicher, dass, wenn sie es könnte, es nicht machen würde. Ich kehrte wieder an ihren Tisch zurück und präsentierte die Rechnung. Sie zahlte, sah mich dann prüfend an und sagte dann: „Herr Ober, Sie haben etwas am Mundwinkel, geben Sie mir bitte Ihre Serviette, und ich mache es Ihnen weg". Ich tat, was sie gesagt hatte, und sie tupfte mit meiner Serviette meinen Mundwinkel sauber. In der Nacht träumte ich von ihr.

Am nächsten Tag war die Premiere des Helmut Käutner Films *Die letzte Brücke*, ein Film, in dem Maria Schell die Hauptrolle als Oberschwester und Lazarettärztin spielte, die später von den Partisanen entführt wird. Dieser Film wurde in der Filmbühne Wien uraufgeführt, und der Weg dorthin ging durch eine Tunnelverbindung vom Hotel zum Filmtheater. Ich sah Maria Schell im Foyer stehen. Sie war so sehr aufgeregt, dass sie weinte; das Mascara lief ihr über die Wangen. Ich ging zu ihr, nahm meine Serviette und tupfte ihr die Wange ab. Sie fasste sich, guckte mich an; wir beide wussten, das war ein *quid pro quo*. An diesem Abend wurde sie enthusiastisch geehrt. Als ich später von ihrer Krankheit erfuhr, musste ich an einen Ausspruch denken, der ihr zugeschrieben wird: „Das Schicksal kommt in Schuhgröße 41 bis 45, und tritt alles platt". Diese Bemerkung war prophetisch, denn finanzielle Schwierigkeiten und Unglück in ihrem Privatleben führte sie in eine Depression, sodass sie sich das Leben nehmen wollte. Nach mehreren Gehirnschlägen und einer Lungenentzündung starb sie in ihrem Almhaus. Die Schlagzeilen der Presse lauteten: „Unser Seelchen ist tot". Ich stimme mit dieser Bezeichnung voll und ganz überein.

Das Hotel am Zoo hat heute den Besitzer gewechselt und heißt Hotel Zoo. Es ist modernisiert, ein Boulevardhotel nach amerikanischem

Muster der achtziger Jahre. Es ist neu, aber es ist nicht anzunehmen, dass es die kulturelle Bedeutung haben wird wie das alte Hotel am Zoo. Es ist ein Hotel unter vielen. Das alte Hotel am Zoo war einmalig. Es war einmalig, denn der Küchenchef Menken war ein Meister in seinem Fach, und das Fräulein Schmidt, das die Essensausgabe kontrollierte und ausgab, war ihm ebenbürtig, denn sie kannte die Hunderte von Beilagen, die mit den Hauptgerichten serviert wurden, und sie ließ nichts durchgehen. Der Oberkellner Gromewald, der ehemalige Geschäftsführer des Cafés Kanzler, bestimmte den Ton im Speisesaal. Ich hatte das Glück, ihm bei dem Festessen der Siemens Direktoren zu assistieren, wo das gesamte Menü am Tisch zubereitet wurde, insgesamt zehn Gänge über acht Stunden. Das war Servierkunst der alten Schule, oder wie es der Augustiner Mystiker Thomas von Kempen schon im 15. Jahrhundert formulierte: „O quam cito transit gloria mundi“– o wie schnell vergeht der Ruhm der Welt. Jetzt geht es einem wie Faust in der Unterwelt, der versucht, die schöne Helena festzuhalten. Sie entgleitet ihm, und er hält nur ihr Gewand in den Händen. Sie selbst ist ihm für immer verschwunden.

Sehen, Schmecken, Lernen: Globaler Geschichts - und Kulturunterricht

MEINE ARBEIT IN diesem Hotel war ein großer Bruch in meinem Leben. Zuhause aßen wir meistens Eintopf, sonntags gab es Gulasch, und abends belegte Brote. Das Leben im Hotel führte mich in eine kulinarische Märchenwelt ein. Wir bedienten die Gäste von Silberplatten, erwärmten Kokotten (nicht zu verwechseln mit den eleganten Halbweltdamen des 19. Jahrhunderts), und was sie nicht aβen, wurde weggeworfen, aber nicht bevor wir diese Gerichte gekostet hatten, denn die Gäste bedienten sich nicht selbst, sondern die Kellner bedienten sie von den kleinen Serviertischchen. So probierten wir die Ragout fins; Seezungenfilets in Chablis mit Blätterteig-Halbmonden; Filets Mignons mit Trüffeln; Steaks au poivre; pâte au foi gras; und kalten Rehrücken mit Sauce Cumberland, einer pikanten Sauce aus Johannisbeergelée, Portwein, Orangen und Gewürzen, benannt nach Prinz Wilhelm August, Herzog von Cumberland, der während des Siebenjährigen Krieges in Hannover weilte. Ich lernte also nicht nur, wie diese Gerichte schmeckten, sondern zusätzlich durch sie auch Geschichte und Kultur.

Nehmen wir als Beispiel Crème ou velouté du Barry, eine cremehaltige Blumenkohlsuppe mit viel Sahne, Eigelb, Hühnerbrühe und geriebenen Käse, der manchmal Curry oder Muskatnuss als Geschmacksverstärker zugegeben werden. Zuhause las ich dann alles über Madame du Barry, die, 1743 geboren, mit bürgerlichem Namen D'Marie-Jeanne Bécu hieß, und die die Mätresse von Louis XV. war. Sein Vorgänger, Louis XIV, der sogenannte Sonnenkönig, hat seine Seezunge Müllerin Art mit Vorliebe genossen. Diese Sole à la Meunière ist ein in Mehl gewendeter und in der Pfanne gebratener Fisch. Es ist anzunehmen, dass eine Müllerin nicht nur immer frisches Mehl hat, sondern dass sie auch schön aussieht, glorifiziert in Franz Schuberts Liedzyklus „Die schöne Müllerin". Oder nehmen wir das Entrecôte Wellington, ein gebackenes Rinderfilet mit Pilzpurée und Gewürzen im Blätterteigmantel. Zu Hause las ich alles über Wellington durch, und ich lernte, dass es der 1. Duke of

Wellington war, ein Ire und Oberbefehlshaber der britischen Armee, der 1815 mithilfe von Blücher bei Waterloo Napoleon besiegte. Zu meinen Lieblingsspeisen gehörten auch die Tournedos Rossini, kleine gebraten Rinderfilets, bedeckt mit einer Scheibe gebratener pâté de foie gras und belegt mit gehobelten schwarzen Trüffeln. Dieses Gericht wurde nach dem am Ende des 18. Jahrhunderts geborenen italienischen Komponisten Gioachino Antonio Rossini benannt, und wenn ich jetzt in der Oper seine *Diebische Elster* höre, kann ich dieses Gericht schmecken. Für die deutsche, besonders die Berliner Küche, ist auch das Holsteiner Schnitzel wichtig. Es ist ein Kalbschnitzel mit einem Setzei, garniert mit Räucherlachs, Ölsardinen, Sardellen und Kaviar auf getoasteten Weißbrotstücken. Die Bezeichnung für dieses Schnitzel soll auf den Geheimrat Friedrich August von Holstein zurückgehen, der um 1900 lebte. Er war immer in Eile, sodass der Koch alles auf einem Teller anrichtete. Und das geschah im Restaurant Borchardt in der Französischen Straße am Gendarmenmarkt, das heute noch existiert.

Auch die Nachspeisen boten mir einen kulinarischen Zugang zu den historischen und kulturellen Persönlichkeiten, wie zum Beispiel das Pêche Melba, Pfirsiche auf Vanilleeis, bedeckt mit Himbeeren- oder Erdbeersauce und garniert mit Mandelsplittern, kreiert von Auguste Escoffier, dem Starkoch des Savoy Hotels in London, im Jahre 1892 zu Ehren der australischen Opernsängerin Nelly Melba. Von gleichem Rang in der Welt der besten Desserts sind die Profiteroles Romanoff, so benannt nach dem russischen Adelsgeschlecht aus dem 17. Jahrhundert, und bestehend aus Brandteig. Die Profiteroles, oder zu Deutsch kleine Windbeutel, werden mit Vanilleeis gefüllt, übergossen mit Schokoladensauce und garniert mit Schlagsahne. Auch dem preußischen Königshaus wurde ein kulinarisches Denkmal gesetzt, zu Ehren Friedrichs II., der gern süße Torten aß. Die nach ihm benannte Königliche Moccatorte ist ein Haselnusskuchen mit Buttercreme, der Kirschwasser, Moccapuder und Kakao beigegeben ist. Die Tortendecke wird mit Mocca - oder Kaffeebohnen verziert.

Wien ist nicht nur die Stadt der Musik, sondern auch der Torten, und ihre Namen bieten eine ausgezeichnete Gelegenheit, österreichische Geschichte und Kultur zu lernen. So zum Beispiel die Esterházy-Torte, eine ungarische Cremetorte mit Buttercreme zwischen Biskuitböden, einer weißen Zuckerglasur und Schokoladendecke. Am Rand ist sie verziert mit Krokant oder geriebenen Hasdelnüssen. Benannt ist sie nach Paul III. Anton Esterházy, dem Außenminister der k. und k. Donaumonarchie des Fin de siècle. Historisch interessant ist auch die Prinz Eugen von Savoyen-Torte mit geriebenen Haselnüssen, gefüllt mit Schlagsahne und Schokolade. Der Habsburger Prinz Eugen von Savoyen war, so lernte ich, einer der bedeutendsten Feldherrn und Staatsmänner der österreichischen Geschichte, auch in Förderung der Kunst und der Wissenschaften, und sein aus zwei Teilen bestehendes barockes Schloss Belvedere in Wien enthält bedeutende Sammlungen der österreichischen Kunst. Auch die Kaiserin Maria Theresia wurde durch eine Torte geehrt, die Kaiserliche Torte, bestehend aus geriebenen Mandeln, Johannisbeergelee und reichlich Maraschinolikör.

Eines Tages kam eine französische Delegation nach Berlin und stieg im Hotel am Zoo ab. Ich bediente sie zusammen mit dem Oberkellner, und zum Nachtisch bestellten sie eine Malakoff-Torte. Ich stellte sie auf den Tisch und schnitt sie. Meine Neugier war allerdings erweckt; was hat eine Torte mit einem russischen Namen mit einer französischen Delegation zu tun? Ich fragte einen der Diplomaten, und er erklärte es mir: „Diese österreichische Torte hat einen historischen Ursprung. Am 8.9.1855 hatten französische Truppen das Fort Malakow in der Schlacht um Sewastopol erobert. Geführt wurden die Truppen vom Marschall Pélissier, der nach seiner Rückkehr von dem französischen Kaiser Napoleon III. zum Duc de Malakoff ernannt wurde, und ihm wurden wichtige politische Ämter übergeben. Die Torte wurde zu seinen Ehren geschaffen. Da heute der 8. September ist, feiern wir dieses Ereignis mit seiner Torte“. Danach gab er mir ein Stück zum Kosten, und diese Torte schmeckte vorzüglich. Ich fragte den Patissier nach den Zutaten, und er erklärte mir, dass der Boden aus Löffelbiskuits bestehe, die mit einer Creme aus Butter, Eiern, Puderzucker, geriebenen Mandeln, Rum und flüssigem Schlagobers bestrichen werde. Auf die Glasur kommen dann wieder Löffelbiskuits mit Schlagobershäufchen dazwischen.

Ein Einstieg in die Französische Revolution bot mir die Erzherzogin von Österreich und spätere Königin von Frankreich Marie-Antoinette, das

15. Kind der österreichischen Kaiserin Maria Theresia und Franz I. Da die Österreicher Heiratspolitik betrieben, und dadurch ohne Kriege ihr Land und ihren Einfluss in Europa vergrößerten und befestigten, heiratete Marie-Antoinette schon früh den Dauphin, den späteren Ludwig XVI. Als 1789 die Französische Revolution ausbrach, und die Bauern wegen der Finanzkrise kein Brot zu essen hatten, soll sie gesagt haben: „Qu'mangent de la brioche", zu gut Deutsch: „Sollen sie doch Kuchen essen". Diese etwas zynische Bemerkung gefiel den Bauern nicht, und sie wurde am 16. Oktober 1793 auf dem Place de Concorde durch die Guillotine enthauptet. Sie wurde aber nicht vergessen und lebte weiter in den Erzeugnissen der französischen Küche. Auch in der Küche des Hotels am Zoo, wo es einige Male den Marie-Antoinette Kuchen gab, aus Rosenwassder, Zartbitterschokolade, Sahne, und Zuckedecke. Auch zur Spargelzeit wurde ihrer gedacht, denn die Sauce Marie-Antoinette, bestehend aus ausgelassener Butter, Senf, gehacktem Eigelb und bestreut mit Petersilie, war eine Sauce für Kenner. Zuhause lass ich alles über die Französische Revolution durch, und als ich später auf der Universität Georg Büchners *Dantons Tod* behandelte, gedachten wir der unglücklichen Königin, indem wir den Kuchen aßen, der ihren Namen trug.

Später als Student und Professor konzentrierte ich mich auf die österreichische Literatur und Kultur um 1900, das sogenannte Fin de siècle, mit Schwerpunkt auf Arthur Schnitzler. Erweckt wurde mein Interesse für dieses Gebiet wahrscheinlich durch meine Tätigkeit im Hotel am Zoo. Ich dachte, wenn eine Kultur so gut schmeckt, dann lohnt es sich auch, mehr darüber in Erfahrung zu bringen. Die Verbindung von Kultur, Ästhetik und Essen wurde später durch das Lesen von Ludwig Tiecks Kindermärchen in drei Akten *Der gestiefelte Kater* bestätigt, wenn der Kater Hinze über die Felder wandert, als er eine Nachtigall im benachbarten Busch ihr Lied schmettern hört. Hinze sinniert: „Sie singt trefflich, die Sängerin der Haine – wie delikat muss sie erst schmecken!".

Vom Essen und Trinken und der Heimatverbundenheit

ESSEN UND TRINKEN waren schon seit undenklichen Zeiten ein Gesprächsthema. Ich kann mir sehr gut vorstellen, dass Steinzeitfrauen sich öfters trafen, um Rezepte auszutauschen, sodass ihre Steinzeitmänner glücklich waren. Das Essen aber hat, wie die Ordnung, oder vielleicht auch alles andere, zwei Gesichter: man kann das Richtige essen oder das Falsche. Über das Richtige werde ich später sprechen, das falsche Essen wird allerdings schon in der Bibel beschrieben. Eva war es verboten, den Apfel vom Baum der Erkenntnis zu essen. Eva tat es auch nicht, wollte aber unbedingt wissen, was es mit diesem Verbot auf sich habe. So offerierte sie den Apfel ihrem Partner, Adam, und aus den beiden wurden Flüchtlinge, die im Schweiße ihres Angesichts ihr Brot verdienen mussten. Der Adamsapfel, den nur Männer haben, soll an den Sündenfall erinnern. Die eigentliche Sünde ist jedoch, dass man nur Sachen essen sollte, die einem auch bekommen, denn sonst bleibt einem alles im Halse stecken, wie Adam der Apfel. Wenn man die Bibel so liest, steht am Anfang der Menschengeschichte nicht die Seele, auch nicht das Wort, sondern der Körper, ganz besonders das Essen. Dass erst das Essen kommt, und dann die Moral, ist eine Binsenwahrheit, die nicht erst durch Bert Brecht bekannt ist.

Aber essen muss man. So sagte bereits im Jahre 1690 der Komponist Johann Philipp Förster in einem Libretto: „Weil Speis und Trank in dieser Welt, doch Leib und Seel' zusammenhält", und auch „Iss und trink, und sei zufrieden". Heutzutage heißt es: „Essen und Trinken hält Leib und Seele zusammen". Redewendungen tun ihr möglichstes, um uns an Essen und Trinken zu erinnern und uns zu ermutigen, denn „man muss essen, wenn man bei Kräften bleiben will". Die Gefahr, es nicht zu tun, wird eindeutig von Franz Kafka beschrieben, der in seinem „Hungerkünstler" einen Mann schildert, der seinen Hunger über 40 Tage zur Schau stellt. Er stirbt. Der Leib geht nach unten, und die Seele wer weiß wohin.

Nahrungsmittel sind nicht nur dazu da, um uns physisch am Leben zu erhalten, sondern sie haben auch eine psychologische Bedeutung – sie erinnern uns an unsere Jugend, an unser Heimat, an unseren Kiez. Ein Geruch, ein Gefühl, oder auch nur ein Wort bringt ein Glücksgefühl zurück, das wir in unserer Jugend erlebt haben. Es sind sogenannte *trace memories*, Erinnerungsspuren, vergleichbar mit den Schattenbildern von Vögeln, die schon längst weggeflogen sind, aber deren Schatten tief in uns stecken. Wenn Arthur Schnitzler Fedor Denner in seinem „Märchen" sagen lässt: „Was war, ist! – Das ist der tiefe Sinn des Geschehens" – so trifft das auch hier zu. Eine solche Erinnerungsspur geht nur selten verloren. Als ich drei oder vier Jahre alt war, gingen meine Eltern und ich am Paul-Gerhardt-Stift in der Müllerstraße, Ecke Barfusstraβe, vorbei, vor dessen Pforte eine Gulaschkanone mit Erbsensuppe stand. Wir alle bekamen einen Teller und aßen die Suppe. Den Geruch dieser Suppe verspüre ich auch jetzt noch, nach über 80 Jahren, wenn ich an dieser Pforte vorbeigehe, obwohl dort keine Gulaschkanone mehr steht.

Ein anderes Beispiel ist das Berliner Wort Schrippe, handwerklich gemacht, und an der Oberfläche mit einer langen Delle versehen. Geht ein Berliner auf Reisen in Deutschland, so muss er Fremdsprachen lernen. Eine Schrippe im Bayern gibt es nicht. Etwas Ähnliches heißt Semmel; im Rheinländischen heißt es Brötchen; und im Schwabenland Weckle oder Weck. Wenn man nach Wien fährt, so fällt diese kulinarische Kostbarkeit, falls man sie überhaupt bekommt, in die Rubrik Gebäck.

Alle diese Bezeichnungen beschreiben die Sache, aber es sind Wörterbuchbeschreibungen, die in ein Ohr hineingehen und zum anderen Ohr wieder hinaus; sie treffen nicht den Kern des Menschen. Bei dem Wort Schrippe leuchten die Augen des Berliners auf; Jugenderinnerungen werden wach. Er sieht sich mit seiner Mutter, seinem Vater, vielleicht seinen Geschwistern am Frühstückstisch sitzen, es ist Sonntag, die *Morgenpost* liegt vor der Tür, der Brotkorb mit den frisch gebackenen, vielleicht noch warmen Schrippen steht in der Mitte des Tisches, gleich neben dem weichgekochten Ei und/oder dem Teller mit Aufschnitt, verschiedenen Konfitüren, wobei das Berliner Pflaumenmuss nicht fehlen darf, und der Geruch von frisch gebrühtem Kaffee oder aufgegossenem Tee breitet sich aus. All das hilft, dass die Konsumenten, oder die Konsumentinnen, den Tag besser bestehen können. Und wohl gemerkt, das sind nur die Wortassoziationen, nicht das Ding an sich.

Das Ding an sich kann man in den Supermärkten kaufen, denn die Lebensmittelindustrie hat diese kulinarische Glücksspur schon lange entdeckt. So kann man im Laden lesen: Buletten, wie sie Mutter machte, oder Streuselkuchen für den sonntäglichen Nachmittagskaffee. Man liest – man bleibt stehen – ein Glücksgefühl steigt in einem auf – man nimmt es vom Regal – man zahlt – und geht nachhause, wo man es verzehrt. Alle sind sie glücklich, auch der Konzern, dessen Lockvogel werbewirksam Anklang gefunden hat.

Trace memories bringen jedoch nicht nur Glücksgefühle zurück, sondern auch Erinnerungen, die man lieber vergessen will. „Reibselsuppe" ist ein solches Wort. Wenn ich das Wort höre, sehe ich mich mit meinen Eltern am Küchentisch sitzen; die Küche war fast dunkel, obwohl es Mittagszeit war. Statt des großen Küchenfensters hatten wir eine Pappverschalung, mit einer eingesetzten kleinen Glasscheibe. Das Mittagessen bestand aus einem Teller mit Reibselsuppe. Dieses Gericht, das heute in keinem Kochbuch zu finden ist, bestand aus zwei geriebenen rohen Kartoffeln, die in einem Topf mit heißem Wasser und etwas Salz gefüllt wurden. Sie wurde schon in der Früh zubereitet, denn es gab manchmal Gas und Elektrizität nur zwischen 5:00 Uhr früh und 9:00 Uhr. Wir änderten unsere Essenszeiten, je nach der Gaszuteilung, und konnten die Suppe heiß essen. Für Sonntag verfeinerte meine Mutter die Suppe, indem sie die Kartoffelmasse ausdrückte, sie in kleine Bällchen formte, und sie dann in das heiße Wasser gab. Wir waren hungrig, als wir uns zum Tisch setzten, waren für eine Stunde gesättigt, und dann waren wir wieder hungrig wie zuvor. Ich weiß nicht, ob die Reibselsuppe in ganz Deutschland gegessen wurde, oder nur in Berlin, aber sie war ein wesentlicher Bestandteil der Berliner Küche zu dieser Zeit.

Was versteht man jetzt unter der Berliner Küche? Zuerst sei einmal gesagt, dass die Berliner Küche nicht so verfeinert ist wie die Küche in Wien oder in Paris. Sie ist schlicht und rustikal. Und dann ist sie zusammengesetzt wie ein Puzzlespiel. Einwanderer kamen aus den ehemaligen Ostgebieten, aus Schlesien, Mecklenburg, Ostpreußen,

Pommern, und nicht zu vergessen dem Zuzug von den Hugenotten aus Frankreich im 17. und 18. Jahrhundert. Diese verließen ihr Heimatland aus religiösen Gründen, und Tausende kamen in die Mark Brandenburg und Berlin, wo die Einwohner sie entweder begrüßten oder auch nicht. Ihre Integration, besser gesagt ihre Akkulturation oder die kulturelle Anpassung, gelang jedoch schnell, und sie bereicherten das neue Land auch durch ihre Küchenspezialitäten, die sie mitgebracht hatten.

Wenn ich sage, die Berliner Küche ist rustikal, so bedeutet das in erster Linie, dass sie Zutaten verarbeitet, die es in dieser Gegend gibt. Dazu gehören Hülsenfrüchte, wie Linsen, Erbsen und Bohnen; Kohl jeder Art; und Rüben. Diese Erzeugnisse sind auch in den Berliner Witzen verankert, wie zum Beispiel in diesem: Ein preußischer Offizier hielt sich einige Zeit in Paris in der Armee Napoleons, oder Bonapartes, auf. In der Offiziersmensa gab ein französischer Kapitän den Offizieren ein Rätsel auf. Er bestellte einen Teller mit Bohnen, nahm eine heraus und fragte die Anwesenden, was das sei. Keiner wusste es. Die Antwort war: Bonaparte. Als der preußische Junker wieder nach Berlin zurückgekehrt war, ging er in die Mensa, und er wollte den Offizieren dasselbe Rätsel aufgeben. Er rief den Kellner, der kam schnell, und der Offizier befahl ihm, einen Teller mit Bohnen zu bringen. Nach einer Weile kam der Kellner zurück und bedauerte, dass die Küche keine Bohnen mehr habe. Daraufhin befahl der Offizier, einen Teller mit irgendwelchen Hülsenfrüchten zu bringen, worauf der Kellner eine Schüssel mit Erbsen brachte. Der Offizier nahm eine Erbse heraus, legte sie auf den Tisch, und fragte seine Kameraden, was das bedeute? Keiner wusste es. Daraufhin sagte der Offizier: Die Antwort ist doch einfach. Es ist Napoleon. Vielleicht ein dummer Witz, der nicht nur deutlich das Bildungsniveau des Offiziers zeigt, das Fehlen von Esprit, sondern auch die Tatsache, dass Hülsenfrüchte zum Standardessen der preußischen Armee dienten, wobei die Erbsen eine äußerst wichtige Rolle spielten.

Apropos Erbsen – bei Hans-Christian Andersen sind sie verewigt in dem Märchen „Die Prinzessin auf der Erbse“, bei den Grimmbrüdern als „Die Erbsenprobe“, und bei Aschinger in seiner Erbsensuppe. In Brühe gekocht mit Schinkenknochen, vermischt mit Zwiebeln, Speck und Schinkenwürfeln, eine Suppe, die viele Berliner satt gemacht hat. Aber nicht nur die arbeitende Bevölkerung, sondern vor allem auch die Studenten, denn ein Teller dieser Suppe kostete damals nur 35 Pfennige. Jedermann konnte so viele Schrippen dazu essen, wie er wollte. Umsonst. Und man konnte sie auch mitnehmen.

Nicht zu vergessen die Kartoffeln, die auf keinem Berliner Esstisch fehlen dürfen. Beinahe jedoch wäre es dazu gekommen, dass sie nicht den Tisch krönen, denn die Berliner lehnten sie zuerst voll und ganz ab. Ihre Akzeptanz kann folgendermaßen erklärt werden.

Während die Kartoffeln, die ursprünglich aus Südamerika stammen und von den Spaniern nach Europa gebracht wurden, schon ihren Siegeszug durch andere europäische Länder vollzogen hatten, wo sie unter dem hochtrabenden Namen wie pommes de terre, Grundbirnen oder Erdäpfel, auf den Tisch kamen, wurden die Kartoffeln in Preußen hauptsächlich als Viehfutter verwendet. Friedrich II., der Große genannt, allerdings sah den Vorteil der Kartoffel, die viele Nährstoffe enthält. So erließ er am 24. März 1756 den Kartoffelbefehl, um den Anbau und den Verzehr von Kartoffeln, oder wie sie damals hießen: Tartoffeln, in den preußischen Provinzen durchzusetzen. Für Schlesien liest sich das so:

> Es ist für Uns in höchster Person in Unseren anderen Provinzen die Anpflanzung der sogenannten Tartoffeln, als ein nützliches und so wohl für Menschen, als Vieh auf sehr vielfache Weise dienliches Erd-Gewächse ernstlich anbefohlen.

Die Berliner waren jedoch äußerst misstrauisch. Sie versuchten dieses angepriesene Produkt zu essen, wobei sie aber den oberen Pflanzenteil dieses Nachtschattengewächses zu sich nahmen, der überhaupt nicht schmeckte, und sie auch krank machte. Der Anekdote nach griff Friedrich II. zu einer List. Er ließ den Domplatz, den Lustgarten, umgraben und Kartoffeln pflanzen, die er von seinen Soldaten bewachen ließ. Er hatte sie aber instruiert, diese Wache nicht genau zu nehmen. Die Berliner Bevölkerung glaubte dann, dass die Kartoffel etwas sehr Köstliches sei, und in der Nacht gingen sie hin und stahlen die Kartoffeln. Sie schmeckten ihnen, und so begann der Siegeszug der Kartoffel nicht nur in Berlin, sondern auch in Preußen. Die Kartoffel und Friedrich der Große gehören zusammen. Bestätigt wird dies in der KPM, der Königlich Preußischen Porzellan-Manufaktur, die 1763 von Friedrich II. erstanden wurde und in deren Verkaufsraum Porzellankartoffeln in verschiedener Größe angeboten werden. Die Berliner und nicht sie, sondern auch die Brandenburger und Touristen gedenken dieser Tat des Großen Königs dadurch, dass sie Kartoffeln auf seinen Grabstein vor Schloss Sanssouci legen. Wir können von Glück sagen, dass Friedrich der Große so hartnäckig gewesen ist, denn sonst gäbe es in Berlin keine Bockwurst mit Kartoffelsalat.

Apropos Bockwurst. Im Jahre 1889 soll sie in Berlin entstanden sein. Anlass war der Beginn des Wintersemesters der Universität. Ein Fleischermeister servierte den Gästen statt der groben Knackwurst eine hochgradige feine Brühwurst des jüdischen Fleischers Benjamin Löwenthal. Diese Wurst wurde mit einem regionalen Bockbier angeboten, und das erklärt dann ihren Namen: Bockwurst. Diese Wurst trat sehr schnell ihren Siegeszug durch Berlin und Umgebung an. Das ganz Außergewöhnliche der Bockwurst ist, dass ihr Name gleich zwei Sachen vereint: Trinken und Essen, denn diese Wurst schmeckt am besten mit einem Bockbier.

Zu der Bockwurst darf natürlich der Kartoffelsalat nicht fehlen. Das ist keine besonders interessante Feststellung, denn Kartoffelsalat passt zu allem, und er kann warm oder kalt genossen werden. Man muss ihn jedoch nach Geschmacksrichtung wählen. Es gibt zwei Grundsorten, die norddeutsche Version und die süddeutsche. Die norddeutsche Version enthält Mayo oder Joghurt, und dem Salat werden in Berlin kleingeschnittene Gewürzgurken zugegeben. Die süddeutsche Version wird mit Öl, Fleischbrühe, Salz, Pfeffer, klein geschnittenen Zwiebeln und manchmal gewürfelter Gurke zubereitet. Und wann ist der Kartoffelsalat richtig? Wenn er schlotzig ist. Es gibt nur wenig verständnisfördernde Synonyme für diesen Neuling in der deutschen Sprache, wie zum Beispiel sämig oder schleimig. Das sind gut gemeinte, aber nicht den Kern der Sache treffende Versuche. Schlotzig ist ein Geräusch, nur für die Ohren eines wirklichen Kenners vernehmbar. Es entsteht, wenn man den Löffel durch den Salat in der Schüssel zieht, um ihn zu wenden, damit alle

Zutaten absorbiert sind. Das entstehende Geräusch ist schlotzig, oder etwas schwappend.

Wenn man über die Berliner Küche schreibt, so gibt es noch mindestens vier Gerichte, die jeder Berliner kennt: Currywurst, Buletten, Eisbein und Königsberger Klopse. Dass die Currywurst Berliner Ursprungs ist, wird keiner bezweifeln. 1949 in Berlin angeboten, bestehend aus einer Brat- oder Brühwurst, übergossen mit einer pikanten Tomatensauce und mit Curry-Ketchup, in kleine mundgerechte Stücke geschnitten und mit Pommes serviert. Sie trat dann ihren Siegeszug durch ganz Deutschland an. Die Bundesrepublik Deutschland hat ungefähr 80 Millionen Einwohner, die jährlich 800 Millionen Currywürste verzehren, also zehn Currywürste pro Person, Kleinkinder mitgerechnet. Die Currywurst wurde als deutsches Kulturgut bezeichnet, und am 15. August 2009 wurde in der Schützenstraße 70 in Berlin Mitte ein Museum für diese Spezialität errichtet – das Currywurst-Museum. Sie wurde auch in alle Welt exportiert. Wenn man in der Stadt New York in den Chelsea Market zwischen der 15. und 16. Straβe geht, befindet sich dort ein Stand mit der Aufschrift: Berliner Currywurst. Und wenn man Glück hat, wird man von einer jungen waschechten Berlinerin aus der Kastanienallee in Pankow bedient. Man muss allerdings viel Zeit mitbringen, denn die Schlange vor diesem Stand ist sehr lang.

Kartoffelsalat lässt sich vortrefflich mit Buletten servieren. Wenn man über sie schreibt, gerät man in ein Minenfeld. Zuerst einmal muss man sich entscheiden, wie man diese Spezialität schreibt: Bulette oder Boulette? Die Antwort darauf es nicht einfach, und sie hat auch eine historische Bedeutung, denn der Name Boulette wurde durch die napoleonischen Truppen, die Berlin besetzt hatten, zwischen 1806 und 1813 eingeführt. Die Franzosen nannten diese Fleischkügelchen *boulette*, und erst nach Abzug der Franzosen änderten die Berliner dieses französische Wort zu Bulette um. Andere Länder, andere Sitten, andere Gebräuche und andere Namen. Vorher hieß sie in Altbayern Fleischpflanzerl, woanders in Deutschland Frikadelle, in Schwaben Fleischküchla, in Österreich Laibchen, und in der Schweiz Hacktätschli. Andere nennen es recht prosaisch Fleischklößchen.

Sodann muss man sicherstellen, dass man über diese kulinarische Spezialität berichtet, denn der Name Bulette ist auch der Name eines weiblichen, 1925 in Leipzig geborenen weiblichen Flusspferdes, das eine lange Lebensdauer hatte. Es lebte natürlich im Berliner Zoo und erreichte das stattliche Alter von 53 Jahren. Die Berliner waren untröstlich, dass dieses Tier aufgrund einer Verletzung eingeschläfert werden musste. Wie es in Berlin üblich ist, ging man nach der Beerdigung zu einem geselligen Zusammensein und gedachte der Verstorbenen. Diesmal jedoch nicht in eine Konditorei, sondern in eine Kneipe, wo man bei einer Bulette mit Kartoffelsalat und einem Pils ihrer gedachte.

Ein anderes urberliner Standardgericht ist das Eisbein, serviert mit Erbsenpüree und Sauerkraut. Seinen Namen verdankt es den holländischen Einwanderern im 17. Jahrhundert, die das Hinterbein des Schweins zum Schlittschuhfahren benutzen. Johann Gottfried Seume dichtete einmal im 18. Jahrhundert: „Wo man Eisbein mampft, da kannst du hocken, böse Menschen haben Haferflocken". Auch das Eisbein wanderte, wie die Currywurst, durch die deutschen Lande, als Haxe, Stelzer, oder in Franken als Knöchla. Zum Eisbein darf das Sauerkraut nicht fehlen, die vielleicht typischste Beilage zu diesem Gericht. Dies ist weitaus über die Landes- und Stadtgrenzen bekannt. So nennen die Amerikaner die Deutschen Krauts, wobei sie sich an die Spruchwahrheit halten: „Der Mensch ist, was er isst".

Eine Spezialität, die in keinem Berliner Restaurant fehlen darf, sind die Königsberger Klopse, ein ostpreußisches Gericht. Gekochte Fleischklößchen werden mit einer köstlichen Sauce begossen, die aus Sahne, Eigelb und Zitronensaft hergestellt wird; darin schwimmen viele Kapern wie kleine Segelschiffe herum. Es gibt nur eine Schwierigkeit bei dieser Bezeichnung, denn Königsberg gehört nicht mehr zu Deutschland. Es heißt jetzt Kaliningrad. Und dessen wurde ich eingehend belehrt.

Ich und noch drei andere meiner Kollegen und Kolleginnen wurden als Botschafter des guten Willens vom dem deutsch-amerikanischen Lehrerverband in die Bundesrepublik Deutschland geschickt, wo wir in Bonn mit Politikern diskutierten. Endstation war in Berlin. Die DDR-Zentrale wusste von unserem Kommen, und ich erhielt einen Anruf mit dem Angebot, zusammen mit den anderen auch Ostberlin zu besichtigen.

Wir fuhren zum Bahnhof Friedrichstraße, gingen durch eine Hintertür in den DDR-Bereich und wurden mit einem Auto durch Ostberlin gefahren, um uns zu zeigen, dass das Leben und der Aufbau in der DDR nicht so schlecht sei, wie die Medien es schilderten. Zum Mittagessen kamen wir in ein Gebäude, das mir bekannt war. Hier war ich mit meiner Mutter vor über vierzig Jahren im Büro von Baldur von Schirach, dem Reichsjugendführer der Nazis. Meine Mutter hatte mich dorthin geführt, um mir seine Erlaubnis für den Eintritt in das Jungvolk zu holen. Nach einem Interview erhielt ich sie auch, allerdings nur bis zu meinem vierzehnten Lebensjahr und mit dem Vermerk, dass ich als Halbjude nicht in die Hitlerjugend kommen könne.

In diesem Gebäude wurde uns das Essen serviert, das an diesem Tag aus Königsberger Klopsen bestand. Ein amerikanischer Kollege kannte diese Spezialität nicht und fragte mich, was das sei. Ich erwiderte: „Das sind Königsberger Klopse“. Der Vopo, oder Volkspolizist, verbesserte mich, indem er sagte: „Wir sagen heute Kaliningrader Klopse dazu“. Das stimmte nicht ganz, denn andere Restaurants in Ostberlin servierten diese Spezialität unter der neutralen Bezeichnung Kochklopse. Königsberg heißt jetzt Kaliningrad, und diese Stadt wurde auf der Potsdamer Konferenz von der Sowjetunion annektiert. Ich weiß nicht, ob es Königsberger Klopse in dieser Stadt gibt, aber sie gibt es unter diesen Namen in ganz Deutschland und auch in Berlin.

Außer den Berliner Schnecken, dem Bienenstich und dem Streuselkuchen, gefüllt oder ungefüllt, gibt es noch eine Spezialität: den Windbeutel mit Schlagsahne oder einer anderen Cremefüllung. Für mich gehören Windbeutel und Berlin zusammen. Es ist ein Brandteiggebäck, das aufgeschnitten wird. Der untere Teil wird nicht ganz mit Sahne gefüllt; dann kippt man den oberen Teil wieder darauf. Der größte Teil der Füllung ist dann Luft oder Wind, und das erklärt dann auch die Bezeichnung für einen Menschen mit einem lockeren Lebenswandel. Jetzt gibt es zusätzlich den Goldenen Windbeutel, der ein Negativpreis ist. Es wird Esswarenherstellern gegeben, deren Qualitätsversprechen nicht dem tatsächlichen Produkt entsprechen.

Einmal ging ich in die Konditorei, die dem Krematorium gegenüber liegt. Ich glaube, alle Friedhöfe und Krematorien haben gleich daneben eine Konditorei, in der man den Abgeschiedenen einen süßen Abschied gibt. Ich ging hinein, da ich in der Auslage einen Windbeutel gesehen hatte. Diese Konditorei wurde jetzt von einem Türken geführt, und das war das Problem. Ich bestellte einen Windbeutel mit Schlagsahne. Was ich aber bekam war ein Windbeutel mit der Schlagsahne daneben auf den Teller geklackst. Außerdem war der Windbeutel nicht aufgeschnitten. Ich sagte dem Inhaber, dass ich ein Windbeutel MIT Schlagsahne bestellt habe, und er erwiderte, dass ich es ja vor mir habe. Es war offensichtlich, dass er den Unterschied zwischen „mit" und „und" nicht wusste, und so sagte ich ihm: „Was ist der Unterschied zwischen einer Frau mit Kind und einer Frau und Kind?". Er erwiderte: „Keiner, das ist doch dasselbe". Ich bat um ein Messer, schnitt den Windbeutel auf, löffelte die Schlagsahne hinein, schloss den Oberteil wieder und aß alles auf. Dann zahlte ich und ging und dachte, dass Assimilation Zeit brauche. Integration ist einfacher, denn da behalten die Menschen ihre Eigenheiten in der Gesellschaft bei. Ein Schritt weiter jedoch ist die Assimilation, mit der sich die Menschen der Gesellschaft anpassen. Der Unterschied ist zwischen „und" und „mit", zwischen dem Nebeneinanderleben und Miteinanderleben.

In der letzten Zeit gibt es trotz der Macdonaldisierung, die Fords Fließbandmethode in der Autoproduktion auf die Fast Food Restaurants überträgt, Anzeichen dafür, dass die traditionelle Kochkultur und das traditionelle Tafelwesen wieder zurückkehren. An vielen Restaurants in Berlin steht eine Tafel mit der Aufschrift: Hier gibt es deutsches Essen oder hier gibt es Berliner Essen. Es bleibt der Zeit überlassen, um herauszufinden, welche Richtung die Oberhand behalten wird. Ich glaube, dass das Anpreisen der heimatlichen Speiseangebote auch mit der Politik etwas zu tun hat. Die Globalisierung, die ein Zeichen unserer Zeit ist, wird von vielen in Europa und auch in den USA aus Angst vor dem Ungewohnten abgelehnt, und man entscheidet sich für das Heimisch-Vertraute, das einem bekannt ist. Darunter fallen auch die heimischen Speisenangebote. Dazu kommt auch, dass die Bevölkerung Berlins älter wird, und dass dann viele wieder in die Restaurants gehen und das essen, was sie in ihrer Jugend gegessen haben.

Berliner Buletten. Indianer und die kanadische Wildnis

ES WIRD IN der letzten Zeit viel über die Fremdkultur geschrieben, die die Flüchtlinge aus ihrem Land nach Deutschland gebracht hatten. Dazu gehören auch die kulinarischen Angebote in Berlin, denn man kann französische, syrische, griechische, arabische, italienische, mexikanische, nigerianische, amerikanische, chinesische, thailändische, vietnamesische, persische usw. Spezialitäten essen. Und dabei sollte man auch die vielen Dönerstände aus der türkischen Küche nicht vergessen. Es gibt aber auch Berliner Gerichte, die den Weg nach Übersee antraten. Dazu gehört nicht nur die Currywurst, sondern auch die Bulette.

Im Jahr 1954 wanderte ich nach Kanada aus und erhielt eine Anstellung an der DEW line. DEW steht für *distance early warning*, und wurde durch die Russen inspiriert, die am 4. Oktober 1957 den ersten künstlichen Erdsatelliten in das Weltall geschickt hatten, der als Bedrohung für die Sicherheit der Vereinigten Staaten betrachtet wurde, sodass sie einen Verteidigungsgürtel errichteten. Ich flog nach Anzac in der nördlichen Provinz Alberta. Im Camp arbeiteten ungefähr 500 Handwerker, die die großen Radarinstallationen errichteten. Meine Aufgabe war, sie in den großen Mensen zu bedienen, zusammen mit ungefähr fünfundzwanzig anderen, meist aus Griechenland stammenden jungen Männern, die ausgewandert waren, um in der Neuen Welt ihr Glück zu versuchen. Schon am dritten Tag avancierte ich zum Mensadirektor, und ich war verantwortlich für alles, was die Speisesäle betraf. Da diese ganze Aktion durch amerikanische Steuergelder finanziert wurde, wurde nicht auf jeden Pfennig oder den Cent geachtet, und das Speiseangebot war wirklich luxuriös. Mein Gehalt wurde bedeutend erhöht. und ich war in meinem Element.

Nachmittags ging ich mit meinem Schäferhund Rex, der sich mir angeschlossen hatte, durch die immensen Wälder im Norden Kanadas. Das war nicht ungefährlich, denn es gab dort neben vielen Wildtieren auch viele Bären, die recht angriffslustig waren, wenn sie ihren Nachwuchs bedroht sahen. Besonders gefährlich waren die Grizzlybären, die sehr schnell rennen konnten. Auf einer solchen Nachmittagstour bemerkte ich, dass ich nicht allein war. Ich hatte das Gefühl, beobachtet zu werden. Ich blieb stehen, schaute mich um, und dann sah ich einen ungefähr zwölfjährigen Indianerjungen, der mich genau anstarrte wie ich ihn. Ich winkte ihn heran und fragte ihn nach seinem Namen. Er sagte mir, dass seine Freunde in Guyana nannten. Er erzählte mir auch, dass er einem Stamm angehöre, der nicht allzu weit von unserer Radarstation lag.

Ich fragte ihn, ob es gestattet sei, ihn dort aufzusuchen, denn das Indianerleben interessierte mich, und das aus folgendem Grund: Ich hatte fast alle Bücher von Karl May gelesen, darunter auch Bücher, die im wilden Westen spielten. Sie beschrieben den edlen Mascalro-Apachenhäuptling Winnetou mit seiner Silberbüchse, seinem treuen Pferd Iltschi und seinem deutschen Blutsbruder Old Shatterhand. Dieser sollte auch Winnetous hübsche Schwester Ntscho Tschi heiraten. Dies geschah aber nicht, denn der Cowboy Santer tötete Winnetous Vater und seine hübsche Tochter aus Goldgier. Beide, der edle Indianer Winnetou und der sächsische Old Shatterhand, sorgten für Gerechtigkeit und Ordnung. Der Junge sagte mir am nächsten Tag, dass der Stamm mich eingeladen habe.

Es war alles ganz anders, als ich es mir vorgestellt hatte. Die edlen Indianer gingen in Blue Jeans herum, die Frauen wuschen ihre Wäsche an dem See, die Männer rauchten amerikanische Zigaretten statt Friedenspfeifen, tranken Bourbon-Whiskey, die Kinder Coca-Cola, und alle lebten ein ganz normales Leben, so wie ich es gewohnt war. Als ich den Männern von meiner Karl May Lektüre erzählte, von den guten Apachen und den bösen Comanchen, meinte der eine, dass er nie von diesen Stämmen etwas gehört habe, die müssten wohl weit weg im Norden ansässig sein, wenn überhaupt. Sie waren aber sehr begierig, herauszufinden, aus welchem Land ich kam. Ich erzählte ihnen, dass ich aus Berlin komme. Sie stellten dann Fragen, und ich schilderte diese Stadt in bunten Farben. Dann fragten sie mich, warum ich diese schöne Stadt verlassen hatte. Ich erwiderte, dass ich die Welt hatte kennenlernen wollen.

Etwas später wurde unser Camp fast leer, denn die meisten Arbeiter fuhren über die Weihnachtsfesttage zu ihren Familien. Nur ungefähr zwanzig Personen blieben im Camp, und ich war einer von diesen. Ich freute mich riesig, denn während der Feiertage stieg mein Gehalt. Und ich konnte viel lesen, denn es wurde wenig gekocht und wenig gegessen, sodass ich viel Freizeit hatte. Allerdings musste ich manchmal als Fleischer arbeiten, denn auch die Fleischer hatten den Weihnachtsurlaub bei ihren Familien gewählt.

Dem Küchenchef war jedoch ein Fehler unterlaufen. Er hatte vergessen, die Lieferung von Lebensmitteln zu reduzieren, und das Resultat war, dass jeden zweiten Tag tonnenweise Fleisch, Geflügel, Mehl und andere Sachen geliefert worden. Unsere Kühlschränke wurden voll, und wir begannen, besonders das Fleisch, das leicht verderben konnte, draußen zu lagern, denn die Temperatur war zu dieser Zeit schon unter minus 40° gesunken. Mit dieser Temperatur macht es nichts aus, ob es Celsius oder Fahrenheit sind, denn bei minus 40° sind sie gleich.

Da hatte ich eine Idee. Ich fragte die Indianer, ob sie Interesse daran hätten, unentgeltlich Lebensmittel zu bekommen. Es gab natürlich keine Einwände, und so schleppte ich jede Woche pfundweise diese Kostbarkeiten zu ihrer Wohnstätte. Als ich sie in der Woche aufsuchte, hatten sie zusätzlich noch ein paar Dammhirsche und einen Büffel mit Pfeilen erlegt. Sie hatten die Tiere zerlegt, und das Fleisch wurde entweder getrocknet, gefroren, gesalzen oder auch gleich am Spieß gebraten. Sie fragten mich, was die Berliner so am liebsten essen. Ich überlegte und sagte ihnen dann, dass die Berliner am liebsten Buletten essen. Da sie nicht wussten, was das war, machte ich ihnen einen Vorschlag, und der war, dass ich bei ihnen Buletten zubereiten wollte.

Am Wochenende erschien ich bei ihnen und brachte Zutaten mit: Zwei Pfund durch den Wolf gedrehtes Rindfleisch, zwei Pfund durchgedrehtes Schweinefleisch, vier Zwiebeln, genauso viele Eier, Salz, Pfeffer Paprikapulver, Majoran, Knoblauchsalz und vier altbackene Brötchen. Ich weichte die Brötchen im kalten Wasser auf, drückte das Wasser aus und mischte alle Zutaten zu einem Fleischbrei. Dann formte ich dicke Buletten daraus. Eine Bulette muss dick und rund sein, nicht so flach und dürftig wie die „Chansonettenrbrüstchen“, wie sie einmal vor langer Zeit von den Berlinern genannt wurden. Die Indianerfrauen brieten die Buletten in einer großen Pfanne, indem sie sie einmal wendeten, sodass sie eine schöne Kruste bekamen.

Ich hatte auch noch einige Pfund Kartoffelsalat mitgebracht, der wie alles andere in das Camp geliefert wurde, und den man nicht frieren konnte. Die Indianer hatten einen Gemeinschaftsraum, in dem sie zusammen aßen. Auf den Tischen hatte ich kleine Tischfahnen mit dem Berliner Bären aufgestellt. Diese hatte mir meine Mutter mitgegeben, damit ich Berlin nicht vergessen sollte. Alles in allem war es ein riesengroßer Erfolg. Die Indianer verputzten die Buletten, indem sie sie zwischen zwei Scheiben der Fladenbrote legten, die sie gebacken hatten. Den Kartoffelsalat dagegen haben nur einige wenige gegessen, und die Kinder überhaupt nicht. Sie bestaunten die Tischflaggen und fragten mich, warum darauf ein Bär war. Ich erklärte ihnen dann, dass das vielleicht dadurch geschehen sei, dass das Wort Berlin für viele Menschen kleiner Bär bedeutet. Da sagte ein Mädchen, dann hätten ja die Gegend hier und Berlin zwei Gemeinsamkeiten, denn hier gebe es auch viele Bären, und die Berliner und alle hier essen Buletten gern. Alle klatschten nach dieser Bemerkung. Ich wiederholte diese kulinarische Neuigkeit noch verschiedene Male, und die Indianer waren sehr dankbar.

Nach einem Jahr in der kanadischen Wildnis hatte ich genug. Ich wollte etwas anderes mit meinem Leben anfangen und sagte dem Küchenchef, dass ich abreisen wollte. Er arrangierte noch eine große Feier, schrieb mir einen ausgezeichneten Empfehlungsbrief, und am nächsten Tag ging ich auf Reisen, d.h. ich wollte reisen. Der Flughafen, der mit einem richtigen Flughafen sehr wenig Ähnlichkeit hatte, bestand aus einem geebneten Ackerfeld mit einer nicht zu langen Rollbahn. Als ich mich dem Flugzeug näherte, kam Guyana auf mich zu, und überreichte mir ein Geschenk, dass die Frau des Indianerstammes für mich angefertigt hatten: wundervolle Mokassins aus weichem Leder mit Perlen bestickt. Er sagte mir, dass die Frauen ihn beauftragt hatten, mir mitzuteilen, diese in Berlin im Winter zu tragen, denn ich hatte ihnen erzählt, dass es dort sehr kalt sei.

Ich bestieg das Flugzeug mit noch sieben anderen, die ebenfalls das Camp verlassen wollten. Der einmotorige Wolkenkratzer startete, legte Geschwindigkeit zu, und stoppte dann ganz plötzlich. Der Pilot drehte sich um und sagte uns, dass er nicht abheben könne; die Rollbahn sei zu kurz und das Flugzeug sei zu schwanzlastig. Er bat uns, die hinten saßen, nach vorn zu kommen; das Flugzeug rollte dann schneller und hob sich bald ab. Nach zwei Stunden landeten wir in Edmonton, wo ich mit meinem Studium anfing.

Wenn Berliner heiraten – auf eine etwas ungewöhnliche Art

WIEDER NACH EDMONTON zurückgekehrt, musste ich mich erst wieder an die Zivilisation gewöhnen. Ich war, wie es in dieser Stadt hieß „bushed", d.h. gänzlich Zivilisation entwöhnt. Wenn ich durch die Straßen ging, lud ich vollkommen fremde Menschen zum Essen ein. Wollte ich ein Hemd kaufen, verließ ich den Laden mit einem Dutzend. Nach zwei oder drei Tagen hatte ich mich wieder einigermaßen normalisiert, und ich arbeitete weiter als Kellner in dem Club, in dem ich vor meinem Aufenthalt im Norden tätig war. Diese fünftgrößte Stadt Kanadas bot viele gute Arbeitsmöglichkeiten, aber sie hatte einen riesengroßen Nachteil: Es gab nur wenige Frauen. Lernte man eine Frau kennen, war man nach zwei Wochen schon verheiratet. Eine Verabredung zu bekommen war fast unmöglich, oder man musste sehr lange Zeit auf ein date warten.

Eines Tages ging ich zu meinem Freund Manfred, der ebenfalls aus Berlin ausgewandert war. Er war Automechaniker, der bei Volkswagen in Berlin gelernt hatte. In Edmonton arbeitete er bei Ford im Akkord. Als ich ihn aufsuchte, erzählte er mir, dass seine Freundin, die er in Berlin zurückgelassen hatte, ihm einen Abschiedsbrief geschrieben hat. Das gab Anlass zu einer langen Diskussion. Er fragte mich nach dem Sinn des Lebens, denn wir beide arbeiteten sehr lang, sehr viel und sehr hart. Wozu? Ich gab ihm zur Antwort, dass der Sinn des Lebens darin lag, ganz einfach zu leben. Die Frage allerdings ist dann, wie zu leben? Wir waren beide allein, und jetzt schrieb ihm seine Freundin, dass sie jemand anders heiraten wolle. Wir entschlossen uns, nach Berlin zu fliegen, und das so schnell wie möglich. Schon am nächsten Tag saβen wir im Flugzeug, Richtung Berlin.

In Berlin angekommen erfuhr Manfred, dass Erika, seine Freundin, schon morgen in der Kirche heiraten wollte. Am Trautag ging er in die Kirche und setzte sich hinten auf die Bank. Es war eine erhebende Zeremonie, die Gäste waren versammelt, und Erika ging im Brautkleid mit bedächtigen Schritten an der Hand ihrer Mutter zum Altar, da ihr Vater nicht mehr lebte. Der Pfarrer fragte dann, ob hier jemand Einwände gegen die Heirat habe.

Das war ein Fehler, wie sich sogleich herausstellte. Manfred hatte auf diesen Moment gewartet. In dem Moment der Stille, die jetzt herrschte, stand der auf und sagte mit lauter Stimme: „Ich, ja, ich, habe Einwände". Alle drehten sich um und schauten auf ihn. Manfred fuhr fort: „Als ich Berlin verließ, hatte Erika mir versprochen, mich zu heiraten. Und der Plan war, dass ich zuerst nach Kanada auswandern sollte, dort nach der Gründung einer Existenz sie dann herüber hole. Mein Versprechen habe ich gehalten. Ich habe gearbeitet, eine Existenz gegründet, und löse hiermit mein Versprechen ein. Mein Einwand ist, dass jemand sein Wort halten sollte, wenn man es einmal gegeben hat. Wohin kämen wir, wenn die Leute ihr einmal gegebenes Wort missachten?". Das war genug, die Zeremonie abzubrechen. Einige diskutierten noch, ob ein solcher Einwand auch rechtskräftig sei, und sie wollten Erika nach ihrer Meinung fragen, besser gesagt nach ihrem Entschluss. Das ging jedoch nicht, denn Erika war in Ohnmacht gefallen. Auf jeden Fall wurde die Feier im italienischen Restaurant abgesagt.

Als Erika wieder sich kam, überlegte sie sich, wen sie heiraten wollte. Sie entschied sich für Manfred, denn sein Auftreten hatte bei ihr großen Eindruck gemacht. Sie dachte, wenn jemand das tut, was er getan hatte, dann ist man seiner Liebe sicher. Zwei Wochen später schritt sie von ihrer Mutter begleitet zum Altar, wo Manfred schon auf sie wartete. Sie gaben ihr Ja-Wort, sie wechselten die Ringe und waren dann Mann und Frau, wobei das „und" genauso wichtig ist wie der Ringwechsel. Und ich war Trauzeuge. Wieder nach Edmonton zurückgekehrt, fing ich mit meinem Studium an, wohnte in demselben Mietshaus wie sie und aß bei ihnen mit. Bei der Geburt ihrer Tochter war ich dabei, und auch heute noch, nach sechzig Jahren, sind sie glücklich verheiratet.

Wenn Goethes Faust herausfinden will, was am Anfang der Welt war – das Wort oder die Tat –, verwirft er das Wort und entscheidet sich für die Tat: „Ich kann das Wort so hoch unmöglich schätzen". Für Manfred war es das Wort, das ihn zu dieser Tat veranlasst hatte.

Eros und Thanatos in Berlin

HABENT SUA FATA libelli – aber nicht nur Bücher haben ihre Schicksale, sondern auch Häuser und die Grundstücke, auf denen sie stehen. Sie sind somit Teil der Geschichte und der Kultur Berlins. Und wenn man an das Alter Berlins denkt, dessen Besiedlungszeitraum um 1200 angesetzt werden kann, so kann man noch viel Kultur und viel Geschichte in dieser Stadt finden.

Nehmen wir als Beispiel Kurfürstenstraße 115-116. Auf dem Grundstück steht heute das Hotel Sylter Hof. Zu Anfang des 20. Jahrhunderts befand sich dort das Haus des Jüdischen Brüdervereins Gegenseitiger Unterstützung, gebaut 1908-1910. Dort fand vom 25. bis zum 27. September 1922 der 7. Internationale Psychoanalytische Kongress der Internationalen Psychoanalytischen Vereinigung statt. Sigmund Freud erschien ebenfalls, und es war der letzte Kongress, an dem er selbst teilnahm.

Auf diesem Kongress wurde eine Replik des Gradiva-Reliefs enthüllt, „ein bekanntes, liebliches Gesicht in der Einsamkeit", wie Freud einmal bemerkt hat. Freud war fasziniert von einer Novelle von Wilhelm Jensen, betitelt *Gradiva, ein pompejanisches Fantasiestück*, die 1902 in der Wiener Zeitung *Neue Freie Presse* veröffentlicht wurde. Der introvertierte Archäologe Norbert Arnold sieht bei seinem Rombesuch im Vatikan das Reliefbild einer jungen Frau, einer römischen Virgo, die ihn durch ihre einfache märchenhafte Anmut in den Bann schlägt. Er nennt sie Gradiva, die Vorschreitende, was auch das Beiwort für den in den Krieg ziehenden Kriegsgott Mars Gradivus ist, also der zum Krieg schreitende Gott. In Deutschland kauft sich der Archäologe einen Gipsabdruck der Gradiva und reist nach Pompeji, einer Stadt, die durch den Vesuvausbruch im Jahre 79 n. Ch. verschüttet worden war. Er hofft, diese Frau dort zu finden. In seinem Traum verwandelt sich diese fiktive Gestalt in ein lebendes Wesen, doch sie entgleitet ihm wieder.

Diese Novelle hat Sigmund Freud analysiert und unter dem Titel *Der Wahn und seine Träume in Wilhelm Jensens' Gradiva* 1907 veröffentlicht.

Seine Analyse verbindet Eros und Thanatos. Eros, denn dieser Traum ist ein erotischer Wunschtraum, der unerfüllt bleibt; Thanatos, da Gradiva, sollte sie die Vesuvkatastrophe überlebt haben, schon längst das Zeitliche gesegnet hat. Die Gradiva vereint beides. In Freuds Ordinationszimmer in Wien hing ihr Bild, und er nahm es auch bei seiner Emigration 1938 nach London mit, wo es sein Studierzimmer schmückte.

Heute steht ein Reliefbild der Gradiva auf einer Verkehrsinsel vor dem Hotel Sylter Hof. Der Kongressvortrag Freuds war betitelt: „Etwas vom Unbewussten". Das Nichtgewusste, und auch nicht das Nichtgeahnte, kam später, während der Nazizeit. Der Gradiva folgte der Mars Gradivus. Das jüdische Vereinshaus wurde 1939 von Adolf Eichmann und seiner Organisation übernommen. Eichmann, der SS-Obersturmbannführer und Leiter der Organisation für die Vertreibung und Deportation von Juden, bekannt als „Judenreferat" IV B 4, unterzeichnete hier die Deportation von über 6 Millionen Juden in die KZ Lager, wo sie Thanatos erwartete.

Jedes Jahr besuche ich Berlin und wohne dann im Hotel Sylter Hof. Manchmal denke ich daran, dass ich dort bin, wo Eichmann die Deportationen verordnet hat. Vielleicht darunter auch die meines Vaters, der im KZ Lager Theresienstadt umgekommen sein soll. Ich hatte Glück, dass Thanatos mich verschont hatte, denn als Mampe Halb und Halb stand ich dem Thanatos näher als dem Eros.

Das doppelte Sehen

DIESES DOPPELTE SEHEN ist hier nicht durch den Genuss von Mampe Halb und Halb hervorgerufen, sondern es ist eine andere Art des Sehens. Wenn ich jetzt durch Berlin gehe und die schönen Bauten, die großen Parks, die vielen Cafés, die erleuchteten Boulevards sehe, so schiebt sich eine andere Welt aus der Vergangenheit in diese Gegenwart hinein. Diese Welt ist eine Welt des Grauens und des Chaos, so wie sie während der letzten Kriegsjahre und besonders der Zeit nach dem Krieg existierte. Ich sehe diese Neubauten und Neuschaffungen auf dem Hintergrund der Zerstörung.

Millionen von Wohnungen und Fabriken waren Ruinen geworden, und es gab über 400 Millionen Tonnen Schrott in den deutschen Städten, mit der Mehrzahl in Berlin. Die Zerstörung von Wohnungen in Berlin war in den Bezirken verschieden, in Wedding war ungefähr 30% des Wohnraums demoliert. An vielen Ruinen stand mit Farbe drauf gesprüht: „A.i.A. [Alles im Arsch]. Bin bei Orje“. Frauen zwischen 15 und 50 Jahren wurden aufgefordert, bei der Beseitigung dieser Schuttberge mitzuwirken. Meine Mutter und ich waren dabei, wir nahmen die Ziegelsteine in die Hand, klopften den Mörtel ab, schichteten die Steine auf und transportierten sie in kleinen Loren auf behelfsmäßig gelegten Gleisen zu einem freien Platz. Die Hände bluteten, denn wir hatten keine Handschuhe. Diese Erinnerungsbilder erscheinen Seite an Seite mit dem jetzigen Wiederaufbau.

Wenn ich jetzt durch die Straßen schlendere und sehe die vielen Restaurants und Straßencafés, die Leckerbissen für nicht allzu viel Geld anbieten, so sehe ich ebenfalls die mageren Speisezettel der Nachkriegszeit, die chemisch hergestellte Schlagcreme, die in vielen Farben leuchtete, den Schwarzmarkt mit den aufgeblähten inflationären Preisen, das Angebot von Erinnerungsstücken, wie Ringe, Halsketten, Armbanduhren für ein paar Pfund Kartoffeln, nur um am Leben zu bleiben. Für viele waren nicht nur die materiellen Dinge zerstört, sondern auch die Hoffnung, dass es wieder jemals anders, d.h. besser werden könne. Viele wählten den

Selbstmord, aber der Suizid war nicht einfach, denn die Zuteilung von Gas nach dem Krieg war begrenzt.

Später, in meinem Studium der Germanistik, berührte mich zutiefst ein Kapitel aus Thomas Manns Bildungsroman *Der Zauberberg* (1924). Hans Castorp, der zur Kur in einem Lungensanatorium in Davos weilt, läuft in einem Hochgebirge Ski und wird von einem Schneesturm überrascht. Er sucht Zuflucht hinter einem Heuschober und fällt nach dem Genuss von Portwein in einen tiefen Schlaf. Er träumt zuerst von dem idyllischen Dasein der heilen antiken Welt, mit der blühenden Natur, den schönen Menschen, an einer wunderschönen Bucht am Südmeer, eine Realität gewordene Schönheit der antiken Welt, in der das Gute durch das Schöne sinnbildlich wird. Ein Regenschauer leitet den zweiten Teil des Traumes ein. Er sieht einen Tempel und geht durch die Tempeltür in eine Höhle, wo er zwei alte zottenhaarige Weiber sieht, mit hängenden Brüsten, die ein kleines Kind zerfleischen und die abgetrennten Teile in ihre Mäuler schieben. Die beiden Weiber bemerken den Eindringling bei ihrem „grässlichen Blutmahl" und beschimpfen ihn stimmlos-unflätig. Carstorp erwacht und kommt plötzlich zu der Erkenntnis, dass das Leben nicht aus Einseitigkeiten besteht, aus Leben versus Tod, Gut versus Böse oder Schlecht, Krankheit versus Gesundheit. Beides gehört zusammen im Leben. Der Dichter-Philosoph Friedrich Nietzsche hatte diese Erkenntnis schon früher beschrieben, in dem Gegensatzpaar dionysisch-apollinisch. Das Dionysische, wozu der Gott des Weines Dionysos den Namen gegeben hat, steht für das Rauschhafte, Chaotische und Formauflösende. Apollo dagegen symbolisiert die schöne Form, die Kunst und die Schönheit der Welt. Beides jedoch gehört zusammen, und das Apollinische hat seine Wurzeln im Dionysischen, die Schönheit und Kultur basiert auf dem Vergehen und dem Tod. Es ist falsch, nur an das Eine zu glauben und danach zu handeln. Prosaischer ausgedrückt verkündet ein altes deutsches Sprichwort denselben Gedanken, dass die schönsten Rosen auf dem Misthaufen wachsen.

Mein doppeltes Sehen ist ein Zusammenfallen des Dionysischen und Apollinischen – ich rufe die vergangenen Erinnerungsbilder in Berlin ab und stelle sie Seite an Seite mit dem jetzigen Berlin. Das Resultat ist, dass ich dadurch das Leben viel tiefer genieße als die, deren Sehen einseitig ist.

Wenn ich jetzt ein Glas Wasser trinke und an die Zeit zurückdenke, wo es kein Wasser gab, oder nur in einem abgekommen, lauwarmen Zustand, so schmeckt dieses Wasser besser als ein Glas des teuersten Weines. Und vielleicht haben ältere Menschen, die durch die Tempeltür zur Höhle mit den zwei alten Vetteln gegangen sind, eine tiefere, wunderbarere Lebensfreude als die jüngere Generation, die alles jetzt so hinnimmt, ohne zu fragen, wie viel Schweiß, Mühe, Angst und Not nötig waren, das gegenwärtige Berlin zu schaffen.

Nachklapp

MANCHMAL VERFALLE ICH in das doppelte Sehen, wenn ich auf dem Wittenbergplatz gehe, der in der Nähe des Hotels Sylter Hof liegt. Auf diesem Platz gibt es dreimal in der Woche Markt. Wenn ich zu Besuch in Berlin bin, gehe ich jedes Mal dorthin und bestaune die Angebote, die aus vielen Ländern Europas kommen. Wenn ich an den großen Gemüseständen vorbeigehe, wo der Beelitzer Spargel aus der Mark Brandenburg neben den Trauben aus Griechenland und dem Pfefferlingen aus den Ostgebieten liegen, schießt mir automatisch das Bild einer Auslage in Ost-Berlin aus dem Jahr 1947 empor: in einem Konsumladen lagen hinter einer kleinen eingesetzten Scheibe eine vergilbte Mohrrübe, ein halbverwelkter Wirsingkohl und ein ausgetrockneter Blumenkohl. Daneben stand auf einem Plakat: Nicht zum Verkauf. Nur zur Dekoration. Die Angebote auf dem Markt auf dem Wittenbergplatz sind ein Paradies dagegen.

Auf dem Markt steht ein Zelt, mit einer großen Gulaschkanone in der Mitte. Angepriesen werden Erbsensuppe und Linsensuppe mit oder ohne. Zur Linsensuppe gibt es auf den zwei Tischen Zucker und Essig, sodass man die Linsensuppe süßsauer essen kann. Dieser Stand ist immer voll, und es gibt viele Stammkunden, die dort ihre Hauptmahlzeit einnehmen. Und ich finde jedes Mal interessante Gesprächspartner, mit denen ich die Wirtschaft, sowie die hohe und auch die niedere Politik diskutieren kann.

Als ich dort meinen Teller Erbsensuppe mit Wursteinlage auslöffelte, kam ein Mann mit einer Frau, deren Gesicht fast vollkommen verschleiert war. Es waren offenbar Muslime. Der Mann ging hin und verlangte eine Gulaschsuppe aus Rindfleisch. Der Zeltinhaber und Gulaschkanonenbesitzer schaute ihn erstaunt an und bemerkte, dass es hier keinen Gulasch gäbe, sondern nur die zwei Suppen. Der Zugewanderte jedoch war hartnäckig. Er zeigte auf das Schild und las in gebrochenem Deutsch vor: Gulaschkanone. Es war für ihn offensichtlich, was dieses Wort Gulasch bedeutet, und gerade das wollte er für sich und seine Frau haben. Der Inhaber, ein typischer Berliner, versuchte ihm das Wort zu erklären: „Das hier ist eine Gulaschkanone, eine fahrbare Feldküche, die im Krieg für die Versorgung von Soldaten benutzt wird. Wahrscheinlich haben die Soldaten meistens Gulasch gegessen, deshalb der Name“. Der Kunde dachte nach und fragte dann: „Gulasch o.k., aber warum Kanone? Schießt man mit Gulasch?“.

Jetzt mischten sich die anderen ein, die schon bei Erbsen- oder Linsensuppe am Tisch saßen. Der eine bemerkte: „Hör’ ma jut zu. Det hia, un ick meene de Gulaschkanone, is’n Überbleibsel aus’m Kriech…“. Hier wurde er von dem Fragenden unterbrochen: „Krieg nicht gut. Wir kommen aus Krieg, aus Syrien. Wir wollen Krieg nicht“. Man sah die Angst auf seinem Gesicht; der Syrer schaute seine Frau an, und sie nickte zustimmend. Daraufhin Schweigen, bis einer sagte: „Is ja jut. Wia woll’n ja ooch keenen Kriech. Wia hab’ n jenuch davon jehapt. De Panzer und Bomber hab’n wia ja an die vakooft, die‘n Kriech woll’n, aba de Gulaschkanone bleipt hia“. Darauf der Syrer: „Wo gibt es Gulasch hier– wo kann ich Gulasch haben?“. Die Antwort kam wie aus der Kanone geschossen: „Ick würde dann mal det KaDeWe probier’n. Det is ja jleich um de Ecke“. Das Gesicht des Syrers verlor seine Angst, und er fragte: „Dort Gulasch aus der Gulaschkanone?“. Nach ein paar Sekunden Schweigen ertönte es: „Nee. Die ha’n keene Gulaschkanone“. Alle empfanden so etwas wie Mitleid mit beiden Syrern, die betrübt weiter zogen auf der Suche nach ihrem Gulasch. Integration und besonders Akkulteration ist schwer für Zugewanderte, und es braucht Zeit, sehr viel Zeit, um dies zu erreichen.

Am nächsten Tag, der mein letzter Tag in Berlin war, ging ich noch einmal auf Unter den Linden bis zur Friedrichstraße und dann bis zum Halleschen Tor. Dabei erinnerte ich mich an den Merkvers, den ich in der Schule gelernt hatte:

Unter den Linden,
da tanzen die Bären [Großbeerenstraße]
und sprechen Französisch.
Da kamen die Jäger,
und schossen die Tauben

und setzten dem Mohren die Krone auf.
Darüber wurden die Leipziger kraus
und jagten den Koch
zum Halleschen Tor hinaus.

In meiner Jugend war ich diesen Weg öfters gegangen. Jetzt standen andere Gebäude da, aber die Straßennamen waren geblieben. Ich ging an den Zeitungskiosken vorbei und lass die Schlagzeilen der Berliner Presse: „Willkommenskultur und Fremdenhass". In meinem Leben in Berlin hatte ich beides erlebt. Ich erinnerte mich an die Zeit des Dritten Reiches, wo ich an den Lebensmittelgeschäften große Zettel an den Schaufenstern sah mit der Aufschrift: „Juden sind hier nicht erwünscht", und an Leute, die mich in Schutz nahmen. Ich musste unwillkürlich an Max Frischs Stück *Die chinesische Mauer* denken. Er bezeichnet es als eine Farce, ein Wort, das aus der Küchensprache kommt, und eine Füllung aus kleingehacktem Fleisch bedeutet. Hier jedoch ist die humorvolle Farce mit der ernsten Satire gekoppelt. Aufgabe der Satire ist es, gegenwärtige Zustände zu kritisieren und anzuprangern, und genau das tut Frisch am Ende seines Stückes, als vor den Figuren des verstummten Heutigen und der geschändeten Prinzessin Mee Lan auf einer Drehscheibe die Diktatoren der Welt *ad infinitum* erscheinen. Der Kommentar von Brutus zu dieser Ewigen Wiederkehr des Gleichen ist zeitlos:

Heißt dies Geschichte, dass der Unverstand
Unsterblich wiederkehrt und triumphiert?

Frisch gibt keine Antwort, und das Fragezeichen ist eine Aufforderung an uns alle, diese Frage selbst zu beantworten.

Dann fuhr ich wieder zurück zum Wedding, zu meinem Kiez. Meine Tour führte mich an der Krematoriumsmauer vorbei, und ich sah einen Jungen, der den Ball gegen die Mauer warf und ihn dann geschickt wieder auffing. Vielleicht spielte er mit Traudchen, dachte ich, denn Tote altern und sterben ja nicht mehr. Ich überquerte die Straße, ging am Lausepark vorbei, wo die Kinder rollerten oder mit ihrem Rad fuhren. Drei Senioren saßen auf der Bank und zwei waren tief in einem Gespräch verwickelt, vielleicht über Politik, Sport oder über die Flüchtlinge. Der dritte auf der Bank hatte sich wahrscheinlich uneingeladen in die Unterhaltung eingemischt. Er wurde sogleich abgewiesen, denn der eine Senior sagte ihm: „Wia hab'n hia keene Bockwurscht bestellt. Behalte deinen Senf mal füa dich alleene". Am Parkrand, unter den Büschen wuchsen viele Löwenzähne, die ihre gelben Blüten gegen den Himmel zur Sonne empor streckten. Mein Weg führte mich an der Konditorei vorbei, wo jetzt neben dem unaufgeschnittenen Windbeutel Baklava und andere Honigbackwaren lagen. Ich schaute auf die Fleischerei, die jetzt einen anderen Inhaber hatte, aber die alte Fahne mit der Aufschrift: Heute frische Blut- und Leberwurst hing wieder draußen. Um 18:00 Uhr hörte ich die Glocken der Dankeskirche läuten, für die Gläubigen und Ungläubigen, für die Orgelmusikliebhaber und die Orgelmusikhasser.

Auf dem Nachhauseweg ging ich am Hotel (am) Zoo vorbei und musste an Hertie-Tietz denken, der die Menschen in die drei Gruppen einteilte: So'ne, Solche und die Anderen, die für ihn die Schlimmsten waren. Ich hatte viele von ihnen in meinem Leben kennengelernt. So'ne, das waren die Guten, und Solche waren die Schlechten oder die Bösen – man konnte sie leicht auseinanderhalten. Die Anderen, für Tietz die Schlimmsten, das waren die Bösen im Gewand der Guten, Wölfe im Schafspelz, die ihre bösen Absichten hinter einem harmlosen Auftreten verbargen, oder wie Hanna Arendt sie benannte: die Banalität des Bösen. Das waren die Menschen, die das Gute im Munde führten und das Gegenteil, das Andere taten.

Als ich so durch die Gegend wanderte, dachte ich an Hermann Hesses indische Dichtung *Siddhartha* (1922), in der der Protagonist zu einem Fluss kommt, an dem er zu der Einsicht gelangt, „dass der Fluss überall zugleich ist, am Ursprung und an der Mündung, am Wasserfall, an der Fähre, an der Stromschnelle, am Meer, im Gebirge, überall gleich, und dass es für ihn nur Gegenwart gibt, nicht den Schatten der Vergangenheit, nicht den Schatten der Zukunft". Alles fließt, wie es schon Herakles gesagt hat. Nichts scheint sich geändert zu haben. Und doch ist alles ganz anders – die Türken im Kiez; die neuen Gebäude; die Läden, die türkische Spezialitäten anbieten; die Namen der Kinder usw. Dieser Wandel ist jedoch eingebettet in einem Sein, das nicht statisch aufzufassen ist. Es ist eine Dauer im Wechsel, etwas, was immer da ist und sich nicht verändert. Dieses Paradox hatte Goethe in seinem Gedicht „Eins und alles“ beschrieben:

Nur scheinbar steht's Momente still.
Das Ewige regt sich fort in allem:
Denn alles muss in Nichts zerfallen,
Wenn es im Sein beharren will.

Diese metaphysischen Gedanken machten mich hungrig. Ich fuhr in meine Stammkneipe und aß eine Berliner Currywurst mit Pommes. Im Radio brachten sie gerade eine Übertragung der Operette *Frau Luna* von Paul Lincke mit dem Lied „Berlin bleibt doch Berlin“. Ich summte diesen Text mit und bestellte dann zum Nachtisch natürlich einen Mampe Halb und Halb.

Printed by Books on Demand GmbH, Norderstedt / Germany